CÓMO ESCUCHAR LA VOZ DE DIOS

Charles Stanley

GRUPO NELSON
Una división de Thomas Nelson Publishers
Desde 1798

NASHVILLE   DALLAS   MÉXICO DF.   RÍO DE JANEIRO   BEIJING

© 1994 EDITORIAL CARIBE
P.O. Box 141000
Nashville, TN 37214-1000

Título en inglés: *How to Listen to God*
©1985 by *Charles Stanley*
Publicado por Thomas Nelson, Inc.

ISBN: 0-88113-131-8
ISBN 978-0-88113-131-4

Traducido por *David R. Powell*

23ª Impresión, 7/2008
www.caribebetania.com
HB 02.19.2024

CONTENIDO

CONTENIDO

CAPÍTULO I

¿Habla Dios todavía?

El Salmo 81 es un triste relato acerca de un pueblo que se negaba a escuchar a Dios. El misericordioso corazón del Padre, con sus numerosos intentos de lograr la atención y la devoción de Israel, y el persistente rechazo por parte de ellos, se ponen de manifiesto en los versículos 8 al 14:

Oye, pueblo mío, y te amonestaré.
Israel, si me oyeres,
No habrá en ti dios ajeno,
Ni te inclinarás a dios extraño.
Yo soy Jehová tu Dios,
Que te hice subir de la tierra de
   Egipto;
Abre tu boca, y yo la llenaré.

Pero mi pueblo no oyó mi voz,
E Israel no me quiso a mí.
Los dejé, por tanto, a la dureza de
   su corazón;
Caminaron en sus propios consejos.
¡Oh, si me hubiera oído mi pueblo,
Si en mis caminos hubiera andado
   Israel!
En un momento habría yo derribado
   a sus enemigos,
Y vuelto mi mano contra sus
   adversarios.

Casi podemos escuchar el latido del corazón de Dios cuando implora ante la nación de Israel, diciendo: «Les ruego que me escuchen. Les ruego que oigan mi voz». Cada uno de nosotros, también, debería preguntar: «Señor, ¿me has estado tratando de decir algo que necesito desesperadamente? ¿Me estás exhortando a escuchar tu voz?» Me pregunto, ¿cuántas veces Dios nos ha hablado cuando no estábamos escuchando? ¿Cuántas veces habrá tenido Dios algo específico que necesitábamos oír pero hemos estado demasiado atareados para atenderle?

Durante mi ministerio hubo una época cuando estaba demasiado ocupado trabajando en la obra del Señor como para escuchar Su voz. Predicaba seis veces por semana, preparaba dos programas para la televisión y viajaba por todo el país; estaba escribiendo un libro y pastoreando una iglesia grande; dirigía a todo su personal así como también un ministerio radiofónico, entre otras obligaciones diarias. Como resultado de toda esa actividad fui a parar al hospital por una semana y quedé fuera de circulación durante tres meses. Cuando pienso en esa época, me doy cuenta que Dios estaba tratando de atraer mi atención por medio de mi cuerpo, pero yo no escuchaba. Finalmente, llegó el momento en que ya no pude seguir adelante.

Creo que una de las lecciones más valiosas que jamás podremos aprender es cómo escuchar a Dios. En medio de nuestra vida tan compleja y ajetreada no hay nada más urgente, nada más necesario, nada más provechoso que escuchar lo que Dios tiene que decirnos. Además, la Biblia es muy explícita y Dios nos habla con tanto poder hoy como en los días cuando fue escrita. Su voz espera ser escuchada y, cuando la escuchamos, nos vemos lanzados a la aventura más grandiosa y más emocionante que podamos imaginar.

Por qué habla Dios hoy

Quizá nos preguntemos: «¿Por qué Dios querría hablarnos hoy? ¿Acaso no ha dicho suficiente desde Génesis hasta Apocalipsis?» Hay varias razones convincentes que explican por qué Dios todavía tiene abiertas sus líneas de comunicación con su pueblo.

La primera y principal es que Dios nos ama tanto como amaba a su pueblo en los días del Antiguo y Nuevo Testamentos. Desea tener comunión con nosotros tanto como deseaba tenerla con ellos. Si nuestra relación con Él es unidireccional, y no hay comunicación ni diálogo entre nosotros y el Señor Jesucristo, poca comunión puede haber. La comunión es nula cuando sólo una persona habla y la otra se limita a escuchar. Dios nos habla todavía porque quiere desarrollar una relación de amor que consista en una conversación entre dos personas.

La segunda razón que explica por qué Dios todavía habla hoy es que necesitamos su dirección clara y concreta para nuestra vida, así como la requerían Josué, Moisés, Jacob o Noé. Como hijos suyos necesitamos sus consejos para tomar decisiones efectivas. Ya que Él quiere que hagamos elecciones acertadas, sigue siendo responsable de proporcionarnos la información correcta, y esto ocurre cuando nos habla.

Una tercera razón por la cual Dios todavía habla hoy en día es que Él sabe que necesitamos consuelo y certidumbre tanto como los creyentes de la antigüedad. Nosotros también tenemos experiencias como la del Mar Rojo, cuando estamos entre la espada y la pared y no sabemos qué camino seguir. Tenemos fracasos como los tuvieron Josué y el pueblo de Israel en Hai. Cuando sufrimos derrotas de esta clase, Dios conoce nuestra necesidad de certidumbre y confianza.

Pienso que *la razón más importante por la que Dios todavía habla en el día de hoy es que quiere que lo conozcamos.* Si dejara de hablar, dudo que jamás podríamos descubrir cómo es Dios realmente. Si la prioridad de todos nuestros objetivos es conocer a Dios, entonces tiene que haber algo más que un camino en una sola dirección. Más bien tiene que haber una línea de comunicación en la que Él nos hable y nosotros escuchemos, o en la que hablemos nosotros y Él nos escuche.

Cómo hablaba Dios en los días del Antiguo y del Nuevo Testamentos

Si Dios todavía habla, ¿cómo lo hace? Podemos descubrir sus métodos repasando las diversas formas en las que se revelaba en los días del Antiguo y del Nuevo Testamentos.

Primero, hablaba mediante revelaciones directas. Mediante su Espíritu hablaba al espíritu de hombres como Abraham, aquel que un día oyó que Dios le decía directamente que abandonara la tierra en la cual vivía y se dirigiera a una tierra que Dios le mostraría:

Pero Jehová había dicho a Abram:
Vete de tu tierra y de tu parentela,
y de la casa de tu padre,
a la tierra que te mostraré.
Y haré de ti una nación grande,
y te bendeciré,
y engrandeceré tu nombre,
y serás bendición.
Bendeciré a los que te bendijeren,
y a los que te maldijeren maldeciré;
y serán benditas en ti
todas las familias de la tierra (Génesis 12.1-3).

Segundo, la Biblia dice que Dios hablaba por medio de sueños. Un buen ejemplo es, sin duda, el caso de las experiencias de Daniel, a quien Dios reveló su plan para el mundo en una serie de sueños. Mediante visiones Daniel vio los imperios que vendrían. De esta manera Dios le dio a Daniel una tremenda perspectiva de los acontecimientos mundiales futuros que están todavía hoy en proceso de cumplimiento.

Este es un asunto, empero, en el cual debemos ser extremadamente cautelosos. La Biblia jamás nos dice que busquemos en sueños el conocimiento de la mente de Dios. Por ejemplo, recuerdo que un sábado por la noche soñé que en el culto dominical matutino de la iglesia no había nadie, excepto yo. ¡Si me hubiese dejado llevar por ese sueño probablemente me hubiera quedado en casa para seguir durmiendo!

Tampoco se nos insta jamás en la Palabra de Dios a procurar conocer el pensamiento de Dios mediante visiones. Un amigo mío volvía a su casa después de un viaje de negocios, cuando vio desde el avión que el reflejo del sol en las nubes proyectaba la forma de una cruz. Interpretó esa visión en el sentido de que era salvo. Lamentablemente, esa visión no tiene nada que ver con la confesión, el arrepentimiento o la aceptación del Señor Jesucristo tal como las Escrituras explican la salvación.

La única vez en que Dios ha usado una visión o un sueño para hablarme personalmente fue después de haber pasado varias semanas ayunando y procurando conocer la voluntad del Señor. Había estado sintiéndome inquieto en mi espíritu y sabía que Dios quería decirme algo pero no sabía qué exactamente. Luego, una noche, en mi desesperación, clamé a Dios pidiéndole que me revelara su propósito. Dios respondió con rapidez y sin rodeos: «Te voy a trasladar». Yo le pregunté: «¿Cuándo?» Inmediatamente pasó como un rayo por mi mente la palabra *septiembre*, y súbitamente mi preocupación se desvaneció. La ansiedad desapareció de mi espíritu. Ya no tenía que seguir orando por ese asunto. Ese mes de septiembre me mudé de Florida a Atlanta. Dios se reveló, no porque haya estado buscando tener una visión o un sueño, sino porque estaba tratando de entender lo que Él se proponía. Fue una visión, sin embargo, y algo que Dios utilizó para convencerme de que Él estaba involucrado en la cuestión.

Tercero, Dios hablaba por medio de sus palabras escritas, como cuando entregó a Moisés los Diez Mandamientos y luego usó la Ley para comunicarse con su pueblo. Dios también hablaba *audiblemente* en los días de la Biblia. Saulo de Tarso estaba en camino a Damasco persiguiendo a los creyentes de aquella ciudad. Dice la Biblia que «cayendo en tierra, oyó una voz que le decía: Saulo, Saulo, ¿por qué me persigues?» (Hechos 9.4).

Cuarto, Dios hablaba por medio de sus profetas. Estos exclamaban: «Así dice Jehová», y el pueblo obedecía porque sabía que eran mensajes enviados directamente por Dios.

Quinto, Dios hablaba por medio de las circunstancias. Todos conocemos la historia de cómo Dios se reveló a Gedeón. Dios quería que él condujera a la nación de Israel a la guerra contra el enemigo. Dado que tenía un poco de temor, Gedeón decidió probar con un vellón. La verdad es que lo intentó dos veces. Una mañana pidió que el vellón apareciera empapado pero rodeado de hierba seca, y, a la mañana siguiente pidió que apareciera seco, como pólvora, pero rodeado de hierba húmeda. En su misericordia Dios se acercó a Gedeón y le proporcionó la seguridad y la confianza que necesitaba.

Sexto, Dios hablaba por medio de ángeles. Por ejemplo, cuando comunicó a María y a José el nacimiento de Jesucristo mediante una proclamación angelical.

Séptimo, con frecuencia Dios hablaba por medio del Espíritu Santo. Recordará el lector que en la vida de Pablo, cuando estaba de viaje hacia Asia, Dios le habló por medio del Espíritu Santo prohibiéndole que se encaminara hacia allí: «Atravesando Frigia y la provincia de Galacia, les fue prohibido por el Espíritu Santo hablar la palabra en Asia; y cuando llegaron a Misia, intentaron ir a Bitinia, pero el Espíritu no se lo permitió» (Hechos 16.6,7).

Cómo habla Dios hoy

Aunque nos maravillan los métodos empleados por Dios para hablar con su pueblo en otras épocas, nuestro espíritu anhela entablar comunicación directa y significativa con Él en la hora presente. Queremos proclamar, junto con los samaritanos que respondieron a la mujer al lado del pozo en Juan 4.42, que «ya no creemos solamente por tu dicho, porque nosotros mismos hemos oído, y sabemos que verdaderamente este es el Salvador del mundo, el Cristo».

Podemos dar gracias porque Dios sigue procurando comunicarse con nosotros. Él se vale de cuatro métodos principales para revelarse al creyente de nuestros días.

La Palabra de Dios

El método principal de que se vale el Señor para hablar con nosotros en el día de hoy es su Palabra. Ya tenemos la revelación completa de Dios. Él no necesita agregar algo más a este libro. La revelación de Dios es la verdad expuesta de Dios por Dios acerca de sí mismo. Es la inspiración del Espíritu Santo controlando las mentes de los hombres que escribieron las páginas que conforman la Biblia. Ella es el soplo de Dios a aquellos hombres a fin de que conocieran la verdad.

Sí, la forma más segura en que podemos saber que estamos escuchando a Dios es a través de su Palabra. Cuando enfrentamos dificultades y sufrimientos, en lugar de buscar el consejo de este o aquel, debemos acudir primero a las Escrituras.

La Palabra de Dios fue escrita a las personas mencionadas en las Escrituras. Isaías escribió para el pueblo de Judá, Pablo escribió a los corintios; pero las Escrituras también fueron escritas para nosotros. La Biblia es el manual de instrucciones para su pueblo.

El Señor habló a Josué y le dijo:

Solamente esfuérzate y sé muy valiente, para cuidar de hacer conforme a toda la ley que mi siervo Moisés te mandó; no te apartes de ella ni a diestra ni a siniestra, para que seas prosperado en todas las cosas que emprendas. Nunca se apartará de tu boca este libro de la ley, sino que de día y de noche meditarás en él, para que guardes y hagas conforme a todo lo que en él está escrito; porque entonces harás prosperar tu camino, y todo te saldrá bien (Josué 1.7,8).

El libro de la Ley constituía la guía de Josué, su manual de instrucciones para vivir piadosamente. Eso es la Biblia para nosotros hoy.

¿Cómo funciona esto en forma práctica para los creyentes del siglo veinte? Cuando oramos y buscamos orientación en relación con alguna decisión a tomar, deberíamos pedirle a Dios que nos hable por medio de su Palabra y que nos dé algún consejo para aclarar la dirección a seguir. Al meditar en la Palabra, teniendo en mente nuestra petición o la decisión que tenemos que tomar, con frecuencia Dios nos guía a la lectura de algún incidente en las Escrituras, un pasaje o incluso un solo versículo, que guarda relación con lo que nos preocupa. Puede ser algo que tiene que ver específicamente con nuestra propia experiencia o con el principio que rige la decisión que tenemos que tomar.

En otras ocasiones Dios nos encamina hacia la fuente; al mismo pasaje vez tras vez. No se trata de que elijamos volver a leer el mismo pasaje repetidas veces, sino que de algún modo parecería que seguimos abriendo la Biblia en el mismo lugar. En cierta ocasión, cuando buscaba la orientación del Señor acerca de una decisión que debía tomar, todas las mañanas, durante unas tres semanas, invariablemente acudía sin pensarlo a la lectura de Isaías 6. Ya había entrado en la tercera semana cuando noté que estaba adoptando una actitud de rebeldía hacia el Señor con respecto a lo que Él quería que hiciera. De algún modo, insistió y no me dejó escapar sin leer repetidas veces las palabras del versículo 8: «Después oí la voz del Señor, que decía: ¿A quién enviaré, y quién irá por nosotros? Entonces respondí: heme aquí, envíame a mí». Cuando por fin le dije sí al Señor, Isaías 6 dejó de ocupar un lugar prominente en mi meditación matutina.

Por medio de su Palabra el Señor nos orienta, nos desafía, nos advierte, nos consuela, nos da seguridad. He llegado a la conclusión de que una de las experiencias más provechosas de mi vida cristiana consiste en verme frente a un desafío y meditar acerca de la Palabra hasta que sé que Él me ha hablado.

El Espíritu Santo

Un segundo método empleado por Dios para hablarnos hoy en día es por medio del Espíritu Santo. En efecto, la forma principal empleada por Jesús para expresarse en el Nuevo Testamento fue a través del Espíritu Santo. Hoy Dios sigue hablando a nuestro espíritu por medio de su propio Espíritu, que ahora vive, mora y permanece en nosotros.

Si andamos en el Espíritu diariamente, entregados a su poder, tenemos el derecho de esperar que oiremos todo lo necesario de parte de Dios. El Espíritu Santo, que vive dentro de nosotros y nos habla, debería ser quien moldea el estilo de vida natural, normal de los creyentes. Podemos reclamar su presencia, dirección y orientación.

Hace algunos años nuestra iglesia se encontraba en proceso de comprar una propiedad. Yo estaba realmente empeñado en buscar al Señor. Teníamos que ver al dueño de la propiedad, y la mañana cuando nos íbamos a encontrar con él yo estaba leyendo las Escrituras cuando mis ojos se posaron sobre el siguiente versículo en particular:

Oh Dios, santo es tu camino;
¿Qué Dios es grande como nuestro Dios?
Tú eres el Dios que hace maravillas;
Hiciste notorio en los pueblos tu poder (Salmo 77.13,14).

Pues bien, ya no necesitaba oír otra cosa. En el curso de la conversación con el propietario este preguntó: «¿Cuánto están dispuestos a pagar por la propiedad?» El Espíritu de Dios me habló inmediatamente y me dijo: «No respondas esa pregunta». De manera que no contesté. Me quedé callado. El hombre siguió hablando. Yo no abrí la boca. Finalmente dijo: «¿Qué les parece este precio?», y mencionó una cantidad. Era un monto justo y decidí aceptar. El Espíritu de Dios me habló muy clara y concretamente dándome la orientación que necesitaba en ese momento. Tengo la impresión de que el resultado agradó a Dios y sirvió para que su obrar fuese efectivo. Creo que la Palabra de Dios y el Espíritu Santo son los dos modos principales que Él emplea para hablar con los creyentes en la actualidad. Cuando digo que el Espíritu Santo «habla» no quiero decir que lo haga audiblemente. Más bien graba su voluntad en mi espíritu o en mi mente, y lo oigo en mi ser interior. Si bien no es audible, la comunicación resulta, no obstante, precisa y concreta.

Otras personas

Un tercer modo de que se vale Dios para hablarnos es a través de otras personas. Esto me resultó muy claro durante una prolongada enfermedad.

Un domingo enfermé seriamente y tuve que ingresar al hospital. Los dos primeros días no pude hacer otra cosa que dormir. Al tercer día, mi esposa fue a visitarme y comenzamos a hablar, porque Dios me había dado a entender que debía volver al comienzo mismo de mi vida a fin de revisarla hasta el momento en el cual me encontraba. Comprendí que tenía algo que mostrarme y necesitaba que mi esposa me ayudara a verlo.

Hablamos todas las tardes, el resto de esa semana, la siguiente y también toda la tercera semana. Durante ese tiempo ella escribía y escuchaba. Hacia el final de la tercera semana mi esposa revisó la montaña de papel donde había anotado las conversaciones y dijo: «Creo que Dios me ha mostrado cuál es el problema». Cuando me lo dijo, por primera vez vi claro el problema de mi vida. Dios me habló a través de mi esposa y me mostró algo que tuvo como resultado los cambios más dramáticos de mi ministerio. Si no hubiese escuchado hubiera dejado pasar una bendición extraordinaria.

La verdad es que las personas a las que más deberíamos escuchar son aquellas con las cuales vivimos todos los días. Esas personas que nos aman más, que oran más que nadie por nosotros, son con frecuencia los instrumentos que Dios utiliza para revelarse ante nosotros. Puedo mencionar a varias personas que, en una conversación pasajera, han dicho algo que ha modificado el curso de mi vida en alguna medida. Nada más que una simple palabra al pasar, nada más que una palabra aquí o allí de parte de alguien que está muy cerca de nosotros (o en raras ocasiones incluso de un conocido casual), puede tener consecuencias dramáticas.

Es por ello que debemos que tener sumo cuidado con lo que decimos. Si tenemos en cuenta que podemos ser usados como portavoces de Dios seguramente analizaremos con sobriedad nuestros diálogos con otros. Es posible que Dios tenga un mensaje para quien nos oye y que nos haya elegido a nosotros para transmitirlo; y si hablamos sobre el tiempo o sobre un partido de fútbol podemos estorbar la transmisión del mensaje. Así que, deberíamos procurar estar alerta, sensibles y disponibles para ser vehículos de la voz de Dios.

Las circunstancias

Una cuarta forma en que Dios nos habla es a través de las circunstancias. Creo firmemente que esas semanas en el hospital fueron provistas por Dios a fin de que pudiese oír lo que Él me estaba diciendo. Las circunstancias pueden adoptar muchas formas diferentes. A veces pueden ser un fracaso. Otras veces algún éxito. Otras, un desengaño. A veces es una tragedia, pero Dios usa todas las circunstancias en la vida para hablarnos.

Cuando estaba como pastor en el oeste norteamericano le testifiqué a un hombre en particular durante varios meses, pero no parecía interesarle. Una tarde, un policía conocido me llamó y me pidió que lo acompañara a una casa donde había habido algún problema. Cuando llegamos la reconocí. Era la residencia del individuo al cual había hablado del mensaje de Cristo varias veces. Al ir acercándonos a la casa, el policía me preparó para lo que veríamos, diciéndome: «No le va a gustar lo que va a ver pero necesito que me ayude». Adentro había un muchacho de doce años de edad tirado en el suelo en medio de un charco de sangre. Había conseguido una escopeta calibre doce y, colocándola a la altura del corazón, la había disparado valiéndose de una percha; de este modo se había dado muerte. Dejó una nota para sus padres que decía: «Queridos mamá y papá, los quiero. No sé si iré al cielo o al infierno. Me voy a matar y lo sabré». Estaba presente cuando el padre entró en la casa. Cuando le dijimos lo que había pasado su primera reacción fue: «¡Dios mío!» Dos semanas después acudió a nuestra iglesia y puso su confianza en Cristo como su Salvador personal; pero le había costado la vida de su hijo.

De modo que hoy Dios nos habla de cuatro maneras, principalmente. Primero, *por medio de su Palabra*; segundo, *por medio del Espíritu Santo*; tercero, *por medio de otras personas piadosas*; y cuarto, *por medio de las circunstancias*. Ahora que reconocemos que Dios todavía participa activamente en la comunicación de su mensaje a los creyentes en la actualidad, debemos esforzarnos por oír atentamente. Cuando Dios habla (y lo hace), toda persona debería escuchar. Como lo declaró David en el Salmo 85.8: «Escucharé lo que hablará Jehová Dios».

CAPÍTULO II

Propósito de Dios al comunicarse

Dios nunca dice nada a menos que sea importante y digno de ser recordado. No se dedica a chismear. No hace aclaraciones de ninguna clase sobre sus observaciones. Va directamente al grano. Tiene algo que decir y lo dice en forma precisa y concisa.

Dios habla claramente porque tiene en mente objetivos específicos. De este modo resulta para nosotros un gran beneficio saber qué es lo que se propone cuando nos habla. Durante mi ministerio he visto que Sus propósitos al comunicarse parecen girar en torno a tres áreas principales.

Comprender la verdad

Cuando Dios nos habla *su primer objetivo consiste en que comprendamos la verdad*. Él desea que entendamos plenamente lo que dice. Si la única lengua que hablamos es el castellano, no se va a comunicar en hebreo, ruso o chino. Cuando a veces la voz de Dios parece poco clara no es porque a Él le falte claridad; se debe a que generalmente hay algo en nuestra vida que nos impide oír su voz. Dios ha dado a todos los creyentes una persona divina que vive dentro de nosotros para ayudarnos a recibir y entender la verdad. Él dijo en

1 Corintios 2.9 por medio de Pablo: «Cosas que ojo no vio, ni oído oyó, ni han subido en corazón de hombre, son las que Dios ha preparado para los que le aman». A primera vista esto parecería incomprensible. Luego Pablo explica al agregar el versículo 10: «Pero Dios nos las reveló a nosotros por el Espíritu; porque el Espíritu todo lo escudriña, aun lo profundo de Dios».

Así, entonces, todos los creyentes tienen dentro de sí al Espíritu Santo, quien conoce perfectamente el pensamiento de Dios y quien recibe y comunica a nuestro espíritu la verdad que Dios quiere que escuchemos. Si bien nacimos con una inclinación a alejarnos de Dios, en el momento en que recibimos a Cristo como nuestro Salvador el Espíritu Santo entró para enseñarnos la verdad acerca de quién es Dios.

Pablo afirmó esto claramente cuando declaró en 1 Corintios 2.12 que «nosotros no hemos recibido el espíritu del mundo, sino el Espíritu que proviene de Dios, para que sepamos lo que Dios nos ha concedido». La palabra griega para «saber» es *oído*, lo que significa «plenitud de conocimiento». La persona que no tiene al Espíritu Santo no puede entender las cosas espirituales de la vida debido a una naturaleza caída (véase 1 Corintios 2.14). Entregado a una vida egoísta, el incrédulo es absolutamente incapaz de entender las cosas de Dios.

En mi opinión, Dios tiene tres aspectos principales que quiere que comprendamos. *En primer lugar, bajo el encabezamiento de la verdad, quiere que conozcamos la verdad acerca de Él mismo.* No solamente quiere que hablemos sino que nos agarremos de su majestad, su santidad, su poder, su amor, su gracia y su gozo. Cuando comenzamos a entender estas tremendas verdades acerca de la persona de Dios nuestra vida se enriquece, se capacita y se llena de energía.

La vida del apóstol Pablo se caracterizó por experimentar una tribulación tras otra; fue apedreado, apaleado; sufrió un naufragio; fue calumniado, rechazado, encarcelado y en general tratado con mucha injusticia. No obstante, en medio de un estilo de vida que pocos describirían como alentador, Pablo escribió que su objetivo final en la vida consistía en «conocer a Dios». Y por cierto que logró lo que buscaba.

Incluso hoy, casi dos mil años después, ¿podemos pensar en alguien que haya conocido una vida más rica? La vida de Pablo se enriqueció con el conocimiento de Dios. Conoció a Jesús como el Libertador que lo sacó de la cárcel en Filipos, como el Consolador en sus prisiones y como el Perdonador de su vergonzoso pasado; como el Sanador en la isla de Malta y como su Guía en sus viajes misioneros. Pablo entendía la verdad del carácter de la persona de Jesucristo y procuró seguir siempre adelante con el fin de conocerlo a toda costa.

Segundo, Dios quiere que conozcamos la verdad acerca de nosotros mismos. Él desea que nos percatemos de nuestra importancia en el esquema de sus planes eternos, lo cual es algo que nuestras peculiaridades a veces nos impiden ver. Pero por sobre todo, Dios quiere que conozcamos nuestra posición y nuestros privilegios sobrenaturales en cuanto a lo que somos en Cristo.

Demasiados son los creyentes para los cuales nuestra posición en Cristo es una verdad poco conocida. Cuando nacimos de nuevo por el Espíritu de Dios, éste vino a morar permanentemente en nosotros y su soberano amor nos ubicó en Cristo. «Mas por Él estáis vosotros en Cristo Jesús» (1 Corintios 1.30).

Dado que somos uno con Cristo, todos sus privilegios divinos vienen a ser nuestros también. Su justicia es nuestra justicia porque Él mora en nosotros y nosotros en Él. Ahora podemos hacer nuestras su sabiduría y su santificación.

Así como un diploma de graduación confiere «todos los honores y privilegios correspondientes», también nosotros al haber sido anotados en el Libro de la Vida del Cordero tenemos en común todas las gloriosas distinciones de nuestra nueva posición como hijos de Dios, con una gran diferencia: que no nos hemos ganado esa posición; es un regalo de gracia de parte de Dios.

Tercero, quiere que conozcamos la verdad acerca de otras personas. Dios quiere que ya no las veamos a la luz de la sabiduría humana, sino que las veamos como sus instrumentos elegidos y como creaciones suyas.

Un ejemplo de esto ocurrió cuando atravesaba por un período de penosos sufrimientos en mi vida personal. Dios me estaba tamizando, puliendo, podando a tal punto que me parecía que no iba a quedar nada. Un amigo que era miembro de mi equipo (y que sigue siéndolo) me ayudó a salir de ese valle.

Me demostró su amor incondicional de una manera inolvidable. A veces, cuando me encontraba batallando conmigo mismo era rudo, descortés y poco amable, y todo lo proyectaba contra él. Nunca reaccionó mal. Se limitaba a decirme: «Entiendo. ¿Qué puedo hacer para ayudar?» Jamás me rechazó ni se mostró desalentado; nunca me amonestó de modo amenazante. A pesar de todo lo que descargaba en su presencia (y fue prácticamente todo lo que tenía adentro) se limitaba a demostrarme que me amaba. Todas las veces que iba a buscarlo, o que le pedía algo, siempre estaba dispuesto. Lloraba, oraba y reía conmigo y me escuchaba con paciencia. Sabía que invariablemente contaba con toda su atención. Debido a su inalterable amor pudimos desarrollar un inquebrantable vínculo de profunda amistad que contribuyó a fortalecer mi propia intimidad con Dios.

Cuando comenzamos a entender la verdad acerca de quién es Dios y obtenemos una mejor comprensión de nosotros mismos, a la vez que de otros, estamos perfectamente equipados para ser siervos fructíferos y productivos.

Oyentes pasivos versus oyentes agresivos

Hay dos clases de oyentes: los pasivos y los agresivos. El pasivo no se acerca a Dios con el fin de escuchar una decisión de parte de Él. El oyente agresivo se acerca sabiendo y esperando escuchar diligentemente lo que Dios tiene para decirle. Si se encuentra en el culto de la iglesia su Biblia está abierta y tiene preparada su estilográfica. Si participa de un estudio bíblico es todo oídos y tiene la mente en actitud de aprender. Si está ocupado en su momento devocional personal, su libreta de notas está repleta de pensamientos sobre el modo de obrar de Dios. El oyente interesado está siempre buscando, averiguando y comparando lo que oye con información anterior que ha acumulado. Quiere ser sensible a lo que Dios le dice; piensa constantemente: *¿Cómo puedo practicar esto?* El oyente agresivo aparece acertadamente descrito en Hechos 17.11, donde Pablo, al hablar sobre los cristianos de Berea, dice: «Estos [los de Berea] eran más nobles que los que estaban en Tesalónica, pues recibieron la palabra con toda solicitud, escudriñando cada día las Escrituras para ver si estas cosas eran así». No se limitaban a decir: «¡Ah, viene Pablo!» Investigaban ellos mismos la Palabra.

Santiago dijo: «Mas el que mira atentamente en la perfecta ley, la de la libertad, y persevera en ella, no siendo oidor olvidadizo, sino hacedor de la obra, éste será bienaventurado en lo que hace» (1.25). Notemos la palabra *atentamente*. Esto significa que tenemos que escuchar y oír la Palabra de Dios con ferviente concentración. No debemos quedarnos sentados en forma indiferente y limitarnos a dejar que la Palabra de Dios se mantenga simplemente en un nivel superficial.

Uno de los problemas actuales en el cuerpo de Cristo es que son demasiados los cristianos que han sido oyentes pasivos durante demasiado tiempo. Esa es la razón por la cual, después de cuarenta años de ser creyentes, se niegan a hacerse cargo de un estudio bíblico o a dirigir una clase; es que «no conocen suficientemente la Palabra de Dios». ¿Dónde han estado estas últimas cuatro décadas?

Vamos a los cultos, miramos la televisión, leemos, escuchamos la radio o concurrimos a reuniones de avivamiento, a seminarios o a conferencias con el fin de escuchar a Dios, no al hombre. El hombre no tiene mucho que decir, pero cuando Dios habla por medio de sus siervos entonces el oyente tiene que escuchar agresivamente lo que Dios está impartiendo. El oyente pasivo concurre al servicio de la iglesia o al estudio bíblico pero nunca piensa seriamente en lo que Dios está diciendo. No se involucra en el proceso de escuchar. Si Dios enviara a Charles Stanley una carta y la encabezara de la siguiente forma: QUERIDO CHARLES, y la firmara con el siguiente nombre: JEHOVÁ DIOS, ¿sería yo capaz de dejarla a un lado y leerla después de escuchar las noticias? ¡Por supuesto que no! Abriría la carta con toda reverencia, leería todo el contenido, leería cada palabra atentamente y al terminar tal vez la volvería a leer. La guardaría en algún lugar muy especial con el objeto de que siempre tuviera el mensaje de Dios al alcance.

Como comprenderá el lector la Biblia es justamente esa carta, y deberíamos escucharla atentamente porque se trata de la verdad que nos conformará a la imagen de nuestro Señor. Si Dios nos habla por medio de las circunstancias, o por medio de nuestro cónyuge, deberíamos prestar mucha atención porque Él se está comunicando con nosotros. Ocurre, frecuentemente, que de la misma voz surge la misma palabra, pero en cada espíritu hay un mensaje diferente. Es por ello que conviene que escuchemos en forma agresiva.

Con frecuencia, cuando predico una serie de mensajes, se me acercan muchas personas y agradecen al Señor por la forma en que ha usado su Palabra y su mensaje para cambiar su vida. Me dicen: «Estoy empezando a ver a Dios desde una perspectiva totalmente diferente». «Ahora veo que Dios me acepta tal como soy». «Veo que la cruz es perfectamente adecuada». Lo que ocurre es que han pasado de escuchar pasivamente a escuchar en forma agresiva, y el resultado es que su vida se ha visto enteramente transformada.

Mateo 7.24 dice: «Cualquiera, pues, que me oye estas palabras, y las hace, le compararé a un hombre prudente, que edificó su casa sobre la roca». La fundamentación sólida para la vida resulta de escuchar agresivamente la Palabra de Dios y ponerla en práctica. Menos que esto no da resultado, equivale a que nuestra vida esté edificada sobre arenas movedizas.

Conformados según la verdad

La segunda parte de la meta de Dios al querer comunicarse con nosotros es que seamos conformados a su verdad. En Romanos 8.29 Pablo escribió que el Señor nos ha predestinado «para que fuésemos hechos conformes a la imagen de su Hijo».

¿Cómo nos conforma Dios a su imagen? Revelándonos la verdad en cuanto a su semejanza. Cuando la enfrentamos podemos hacer una de dos cosas: negarnos a ser moldeados por Dios; o ceder ante Él y dejarnos conformar a su semejanza.

Una vez prediqué una serie de sermones titulados: «Cómo puede hacernos libre la verdad». Dios estaba obrando en mi corazón y yo lo sabía. Semana tras semana se acercaban personas que me decían: «Quiero decirle que el Señor me ha hecho libre». «Debo decirle que el mensaje de la semana pasada cambió mi vida». Con frecuencia, cuando se iban, pensaba: *Mi Dios, ¿y yo qué? Soy el que les dio el mensaje.* Sabía que yo mismo no había sido hecho tan libre como Dios quería que lo fuera, aun cuando les estaba enseñando a otros cómo lograrlo. Después de muchos meses de ser acosado por personas cuya vida estaba siendo transformada, Dios transformó la mía de un modo realmente notable.

Hemos de escuchar a fin de comprender, y hemos de comprender a fin de ser moldeados y conformados a su verdad. Dios jamás habla simplemente para entretenernos. Él habla a fin de que seamos hechos como Jesús. Santiago escribió: «Porque si alguno es oidor de la palabra pero no hacedor de ella, este es semejante al hombre que considera en un espejo su rostro natural. Porque él se considera a sí mismo, y se va, y luego olvida cómo era» (1.23,24). No debemos limitarnos a escuchar simplemente sino que debemos obedecer; no debemos limitarnos a repasar superficialmente la Palabra sino asirnos de ella. Estamos en el proceso de resistir la verdad divina o de dejarnos moldear y modelar por ella.

Timoteo, el protegido del apóstol Pablo, ofrece un ejemplo excelente de un individuo que se conforma a la verdad. Después de pasar varios años con Pablo se le asignó la tarea de pastorear la obra del evangelio en Éfeso y en Asia Menor. Fue en este contexto que Pablo escribió en su primera carta: «Ninguno tenga en poco tu juventud, sino sé ejemplo de los creyentes en palabra, conducta, amor, espíritu, fe y pureza» (1 Timoteo 4.12).

Pablo, en su segunda epístola a Timoteo, escribió las siguientes palabras: «[...] trayendo a la memoria la fe no fingida que hay en ti, la cual habitó primero en tu abuela Loida, y en tu madre Eunice, y estoy seguro que en ti también» (2 Timoteo 1.5).

Timoteo no se limitó a *conocer* la verdad; fue transformado por el poder de ella de tal modo que su vida constituía un ejemplo permanente de piedad. ¿Cómo? Por el despliegue del ministerio de la Palabra de Dios.

Pablo explicó en 2 Timoteo 3.14,15: «Pero persiste tú en lo que has aprendido y te persuadiste, sabiendo de quién has aprendido; y que desde la niñez has sabido las Sagradas Escrituras, las cuales te pueden hacer sabio para la salvación por la fe que es en Cristo Jesús».

Comunicar la verdad

El tercer objetivo que tiene Dios al hablar es que comuniquemos su verdad. Él nunca nos da algo para que lo reservemos para nosotros. Ya sea dinero, discernimiento o la verdad, ha de ser compartido. Jesús dijo en su gran comisión en Mateo 28.19,20: «Por tanto, id, y haced discípulos a todas las naciones, bautizándolos en el nombre del Padre, y del Hijo, y del Espíritu Santo; enseñándoles que guarden todas las cosas que os he mandado; y he aquí yo estoy con vosotros todos los días, hasta el fin del mundo». Con toda claridad Jesús les hizo ver a sus discípulos que la verdad que les había enseñado durante los últimos tres años no debía ser guardada en un depósito personal de conocimientos. Debían dar a conocer todo lo que habían recibido.

No conozco a nadie que ejemplifique esto mejor que Chuck Colson. Miembro de confianza del personal de Richard Nixon en la Casa Blanca, se vio envuelto en la tormenta política que se conoce hoy como «Watergate». Implorando al Señor en su angustia nació de nuevo e ingresó en el reino de Dios. Fue llevado a una institución federal de corrección en Montgomery, Alabama (Estados Unidos), donde nació la semilla de una visión que posteriormente floreció y se convirtió en un ministerio carcelario de alcance nacional que ha llegado a miles de hombres y mujeres con el evangelio restaurador de Cristo. Sólo cuando Colson rindió conscientemente todo su ser, y se entregó a un servicio enteramente desinteresado, su ministerio dio fruto. Se hizo siervo comunicando la verdad que lo había hecho libre.

En 2 Timoteo 2.2 Pablo exhortó a Timoteo diciéndole: «Lo que has oído de mí ante muchos testigos, esto encarga a hombres fieles que sean idóneos para enseñar también a otros». Timoteo debía comunicar a otros la verdad que había aprendido por la enseñanza de Pablo y ellos, a su vez, la transmitirían también a otros.

En 2 Corintios 5.20 Pablo indica que «somos embajadores en nombre de Cristo». La única misión de los embajadores consiste en transmitir la posición y las decisiones de sus superiores al pueblo de los países a los cuales son asignados. De la misma manera tenemos nosotros la obligación de declarar a los demás el plan divino y los designios de nuestro Señor que están en las Escrituras.

Todos comunicamos algo cada momento de nuestra vida por medio de lo que decimos y por medio de lo que no decimos, por lo que hacemos y por lo que dejamos de hacer. El hijo le pregunta al padre: «Pues bien, papá, ¿cuánto es el diezmo que vamos a dar este domingo?» Y el padre dice: «Este domingo no vamos a dar el diezmo porque no me alcanza. Tengo demasiadas deudas que pagar y en consecuencia sencillamente no podemos usar el dinero para diezmar».

El padre le está comunicando una mentira a su hijo. Si bien no en forma directa, le inculca la idea de que no podemos confiar en Dios en asuntos de dinero; que Él no es fiel y no va a suplir nuestras necesidades, que Dios no cumple su promesa en relación con el diezmo. El padre que nunca lee la Biblia induce la idea de que tiene la capacidad necesaria para tomar sus propias decisiones sin tomar en cuenta el consejo de Dios. Le enseña a su familia que una persona se las puede arreglar perfectamente sin el consejo y la sabiduría de Dios. El niño que nunca ve a sus padres en actitud de oración aprende que no hace falta la comunión con Dios, que no hace falta consultarlo acerca de los asuntos importantes de la vida, que las pruebas y tribulaciones se pueden manejar sin el auxilio de la dirección divina.

Por otra parte, otro padre habla con su familia y dice: «Bueno, Dios quiere que aumentemos la cantidad que damos. Vamos a confiar en que el Señor nos va a proporcionar los fondos necesarios y que además va a satisfacer nuestras necesidades». Ese padre está diciendo que podemos depender de Dios para todas la facetas de la vida; cuando no vemos claro el camino, Dios obrará de modo que nuestros problemas encuentren solución.

A menudo, aun cuando hagamos silencio, sutilmente estamos diciendo algo. Así fue el caso del apóstol Pedro. Aunque admitía que los gentiles habían recibido, con toda justicia, la gracia de Dios, adoptó la mala costumbre de retraerse cuando se sentaban a la mesa a comer. La presión de los judíos tuvo efectos negativos en su actitud.

Si bien nunca se expresó abiertamente sobre esta cuestión, su actitud soberbia fue adoptada sin demora por otros judíos, con el resultado de que «aun Bernabé fue también arrastrado por la hipocresía de ellos» (Gálatas 2.13). Sin decir una sola palabra Pedro había hecho llegar en forma muy efectiva un mensaje a los que lo rodeaban, en el sentido de que los gentiles eran inferiores. Sus acciones lo dijeron todo.

Debemos ser honestos en la evaluación de nuestra respuesta a las comunicaciones de Dios. Considerando lo que Dios en su gracia nos ha enseñado a través de los años, ¿usamos en forma concreta estas verdades en nuestra vida sobre una base diaria? Cuando comprendemos la verdad, ¿procuramos conformarnos a la imagen de Cristo? A su vez, ¿comunicamos esta verdad a otros?

CAPÍTULO III

Cómo logra Dios atraer nuestra atención

La gente recuerda la Segunda Guerra Mundial por muchas razones. Lo que recuerdo en particular es que en Virginia, Estados Unidos, donde vivía cuando niño, las agudas sirenas de la defensa civil desgarraban el aire en cualquier momento del día. No importaba la actividad a que estuviera dedicado, el toque de la sirena atraía invariablemente mi atención.

De forma semejante, cuando Dios nos habla, es preciso reconocer que su mensaje tiene vital importancia y que, por consiguiente, exige nuestra atención plena y completa. Para que no nos volvamos torpes e insensibles a su voz, Dios tiene maneras de lograr nuestra exclusiva atención.

Cuando andamos en el Espíritu nuestras antenas espirituales están alerta a Dios y podemos oír lo que nos está diciendo. Esta es la vida cristiana normal que se vive en forma agudamente sensible a la voz de Dios, cualquiera sea la forma en que elija hablarnos. Podemos estar ocupados con nuestros negocios o con nuestra familia cuando oímos que Dios nos está diciendo algo y sabemos inmediatamente lo que tenemos que hacer.

El problema está en que no siempre andamos en el Espíritu. Algunas veces decidimos hacer las cosas a nuestro modo. Estamos tan empeñados en una determinada dirección que, aunque Dios hablara, no podríamos oírle, simplemente porque no estamos sintonizados con Él.

Dios conoce esta situación. Para rectificarla se vale de muchos medios, logrando que nuestra atención total y absoluta esté dirigida hacia lo que nos quiere comunicar. Es muy probable que el lector descubra que Dios ya ha empleado uno o más de estos principios en su vida para lograr su atención. A lo mejor descubra la solución a algún problema que ha venido estorbando su efectividad espiritual durante bastante tiempo. Es posible que encuentre que el problema que pensaba que tenía era simplemente la forma en que Dios estaba tratando de lograr que usted concentrara su atención en Él.

Un espíritu inquieto

El capítulo seis de Ester es un hermoso ejemplo de cómo obra Dios a través de un espíritu inquieto. En este caso estaba involucrado el rey Asuero, quien había sido inconscientemente engañado por su primer ministro, Amán. Como éste odiaba a todos los judíos, especialmente a Mardoqueo, pariente de Ester, había logrado que el rey firmara un edicto destinado a destruirlos a todos —hombres, mujeres y niños— en un solo día.

Después de haber firmado la proclama el rey no pudo dormir porque su espíritu estaba inquieto. Ester 6.1 informa que «aquella misma noche se le fue el sueño al rey, y dijo que le trajesen el libro de las memorias y crónicas, y que las leyeran en su presencia».

Luego el rey descubrió que Mardoqueo, a quien Amán quería matar (junto con los demás judíos), le había salvado la vida, en una ocasión anterior, al informar acerca de un complot de dos hombres para matarlo. En lugar de que fuesen muertos los judíos, Amán fue ejecutado y Mardoqueo honrado. Y todo comenzó con un espíritu inquieto mandado por el Señor al rey Asuero.

Creo que *una de las formas más sencillas en que Dios puede lograr nuestra atención es hacer que nos sintamos inquietos.* A lo mejor estamos ocupados en cumplir nuestra vocación, o estamos ocupados en las cosas de la iglesia, u ocupados en la rutina de nuestra vida de hogar, cuando comienza a inquietar a nuestro espíritu algún asunto que nos intranquiliza. No podemos decir claramente de qué se trata; no sabemos de dónde nos ha venido; no podemos identificar el problema, incluso casi no entendemos lo que sucede; pero sentimos una cierta intranquilidad en nuestro corazón. Cuando esto nos ocurre, lo más sabio es hacer un alto y preguntarle al Señor qué es lo que nos está tratando de decir.

Dios frecuentemente utiliza en mí una persistente intranquilidad para orientarme. Miro hacia atrás y compruebo por mi diario que todas las veces que Él me ha trasladado de un pastorado a otro, sin excepción, me he sentido intranquilo por anticipado durante varios meses. Era su forma de instarme a que lo buscara de modo que cuando llegara el momento estuviese preparado y listo para escuchar su voz. Cuando se sienta inquieto en *su* espíritu, no huya. Deténgase, simplemente, y escuche la voz de Dios.

Una palabra de parte de otros

Una segunda forma en que Dios logra captar nuestra atención es hablándonos a través de otros. Es probable que el mejor ejemplo sea el enfrentamiento que tuvo Natán con David en 2 Samuel 12.

Habiendo pecado contra Dios en el incidente con Betsabé y Urías, David aparentemente continuó reinando sin ningún indicio visible de que tuviese conciencia de culpa.

En 2 Samuel 12.1 se presenta la escena: «Jehová envió a Natán a David; y viniendo a él, le dijo [...]». Dios le había dado a Natán discernimiento para entender algo que David desesperadamente necesitaba saber.

Recuerdo el día cuando estaba a punto de tomar una decisión y un amigo pasó por casa. En la conversación me informó que Dios le había hablado esa mañana durante la oración, y que le había dado un determinado mensaje para mí. Debía pasar el día siguiente ayunando y orando antes de tomar la decisión. Pues bien; para empezar, mi amigo no tenía idea de que yo estaba a punto de tomar una decisión, de modo que inmediatamente entendí que la mano de Dios estaba en el asunto. Al día siguiente me dediqué a ayunar y orar. Antes de que se acabara el día, Dios me había indicado, con mucha claridad, algo totalmente contrario a mis pensamientos originales.

Es por ello que tenemos que aprender a escuchar con corazón abierto la voz de Dios cuando nos habla a través de otras personas. Si somos orgullosos y centramos nuestra atención en nosotros mismos, y no podemos aceptar directivas de nadie, nos hace falta leer el libro de Proverbios, en el cual Dios dice repetidas veces que el hombre que no puede aceptar críticas ni reproches está destinado al fracaso. Proverbios alaba al que aprende a recibir reproches de las personas piadosas que de esta manera tiene éxito en la vida.

Sin embargo, es preciso que seamos extremadamente cautelosos en esto porque algunas veces los demás, aun cuando tengan las mejores intenciones, nos pueden desorientar. Cuando el hijo de Salomón, Roboam, subió al trono, buscó consejo entre los ancianos que habían servido a su padre. Necesitaba asesoramiento tocante a una solicitud del pueblo de que aligerase las cargas de servidumbre impuestas por Salomón.

Los ancianos aconsejaron a Roboam que aceptara el pedido del pueblo y que cosechara el beneficio de la benevolencia real. En lugar de escucharlos, buscó a otros consejeros entre sus propios amigos. Estos le recomendaron que impusiera aun mayores cargas al pueblo.

Roboam aceptó esta última recomendación y, como resultado, la nación de Israel se dividió en dos reinos, el del norte y el del sur. Fue una decisión trágica. El haber escuchado la voz de hombres que no tenían una relación adecuada con Dios le costó caro. (Véase 2 Crónicas 10.)

Por lo tanto, si bien sabemos concretamente que Dios habla por medio de otras personas, debemos analizar cuidadosamente tanto el mensaje como al mensajero. Empero, Dios tiene el poder necesario para saber lo que pasa dentro de nosotros, y tiene el poder necesario para indicar a alguna otra persona lo que nos debe decir, aun cuando el mensaje no parezca lógico en absoluto.

Bendiciones

Una tercera forma en que Dios habla es bendiciéndonos de modos sumamente inusuales. Este es el tipo de método que me encanta como modo de lograr mi atención. Pablo lo ilustró en Romanos 2.4 cuando escribió: «¿O menosprecias las riquezas de su benignidad, paciencia y longanimidad, ignorando que su benignidad te guía al arrepentimiento?»

Dios puede valerse de bendiciones abundantes y poco usuales para obtener nuestra atención. Estas bendiciones pueden ser espirituales o materiales, o pueden, también, tener algo que ver con el hogar o la vocación. Sean de la clase que fueren, pareciera que Dios no hace más que apilarlas sobre nosotros. Dios no puede emplear este método con todos, porque las personas egoístas no harían sino volverse más independientes, más centradas en sí mismas, más ávidas de obtener provecho para sí, ignorándolo totalmente a Él. Pero lo cierto es que logra atraer nuestra atención con bendiciones porque el móvil oculto de sus métodos es el amor que nos tiene.

Él ve nuestro futuro y, también, nuestro presente. Ve sus planes para con nosotros e igualmente, nuestros propios planes. Los ve encaminados al desastre, y cuando esto ocurre, como expresión de su amor atrae nuestra atención a fin de que lo escuchemos y seamos salvos de la ruina total.

¿Acaso no es esto justamente lo que hacemos por nuestros hijos? Si viésemos que están en camino al desastre, ¿acaso no haríamos algo para impedirlo, movidos por el amor? ¿Acaso no les ofreceríamos nuestras palabras de sabiduría para impedir que arruinen totalmente su vida?

Por ejemplo, si usted supiera que su hijo ha comenzado a vincularse con un grupo de muchachos conocidos por sus infracciones menores de la ley, ¿acaso no se sentaría con él para hablarle y advertirle acerca de los peligros que corre? ¿Acaso no lo instaría a que se asegure de que sus amigos sean tales que puedan ejercer influencia positiva sobre él, y no le haría ver que «las malas compañías corrompen la buena moral»? Por supuesto que lo haría. Se esforzaría por proporcionarle a su hijo la orientación adecuada para que pueda encauzar su vida por ella; y no es menos lo que hace Dios por nosotros.

La oración no contestada

El cuarto método que Dios utiliza para atraer nuestra atención es mediante la oración no contestada. Mientras nuestras peticiones sean suficientemente respondidas podemos navegar plácidamente por la vida, disfrutando de la provisión y la bendición de Dios. Pero cuando surge una necesidad particularmente urgente y los cielos se muestran herméticos, Dios logra nuestra total atención.

Con frecuencia ese aparente silencio es el momento adecuado para llevar a cabo un buen autoexamen espiritual bajo la iluminación del Espíritu Santo. La Palabra de Dios indica que hay razones que explican por qué es que algunas súplicas no son contestadas: cuando se pide por razones equivocadas (Santiago 4.3), cuando hay desobediencia (1 Juan 3.22), cuando se pide sin tomar en cuenta la voluntad de Dios (1 Juan 5.14), entre otras cosas. Deberíamos preguntarle al Señor si hemos caído en algunas de estas situaciones.

Según 1 Pedro 3.7 la oración infructuosa o no contestada puede, incluso, provenir de la falta de sensibilidad en la relación matrimonial en algún sentido. Pedro aclaró que las oraciones del marido son «estorbadas» si este no ama a su mujer como debiera.

A veces Dios se niega a contestar nuestras oraciones porque sabe que si lo hace nos vamos a descarrilar más todavía del camino correcto. Es por eso que Satanás se sentirá más que contento si puede ayudarnos a lograr que obtengamos respuestas a todo lo que queremos fuera de la voluntad de Dios, porque sabe que el placer de hoy puede significar la ruina mañana. Cuando las puertas se cierran ante la oración es posible que se trate de una señal de que la mano de Dios está obrando para redirigir nuestra atención hacia algún otro aspecto de nuestra vida que requiere consideración.

El Señor se valió del aguijón de Pablo como herramienta para enseñar una lección a incontables millones de creyentes (véase 2 Corintios 12.7). Su oración no fue contestada, pero al mismo tiempo su atención se desvió de modo que en lugar de considerar la gravedad de su problema se ocupó de aprender cómo funciona la gracia de Dios. Cuando Pablo iniciaba sus cartas con el familiar saludo, «gracia y paz», sabía muy bien lo que significaba la frase. La oración no contestada llevó a Pablo a descubrir una nueva dimensión de la dependencia de Dios.

Desengaño

El capítulo catorce de Números muestra la forma en que Dios se vale del desaliento para obligarnos a escuchar su voz. En el anterior la nación de Israel, recién salida de la esclavitud egipcia, estaba en camino a la Tierra Prometida. Doce espías fueron enviados a inspeccionar la tierra, pero volvieron y entregaron un informe negativo. La mayoría de la comisión votó (diez a dos) en contra de la empresa de poseer lo que Dios ya había prometido que les iba a entregar en batalla.

Números 26 al 35 narra el juicio de Dios sobre la nación de Israel debido a su incredulidad y a su negativa a poseer lo que les había dado. El pueblo comprendió su error e intentó rectificar la situación mediante un cambio de actitud. Números 14.40 dice: «Y se levantaron por la mañana y subieron a la cumbre del monte, diciendo: Henos aquí para subir al lugar del cual ha hablado Jehová; porque hemos pecado». Moisés respondió en el versículo 42: «No subáis, porque Jehová no está en medio de vosotros, no seáis heridos delante de vuestros enemigos».

¡Qué manera de captar su atención! Los israelitas acababan de librarse de la esclavitud egipcia. Llevaban en las espaldas las marcas de los latigazos de los capataces de Egipto. Todavía sentían el olor de la comida que invariablemente habían consumido durante cientos de años. Ahora se encontraban al borde de un país que rebozaba leche y miel, lugar que Dios les había prometido; pero los cegó la incredulidad.

Hubo una tremenda sensación de desilusión, seguida de lamentos y llantos. Era demasiado tarde... pero Dios logró que lo escucharan. Les mostró que la incredulidad que habían evidenciado haría que todos los adultos, sin excepción, murieran vagando por un desierto como el de Egipto.

A veces los desengaños más grandes en esta vida sirven para que Dios se haga escuchar. Puede que estemos pensando casarnos; tenemos todo listo. Ya están encargadas las flores y hemos hablado con el ministro, pero de pronto, la otra parte anula todo. Nuestro mundo se viene abajo y pensamos: Dios mío, ¿qué es lo que pasa? ¿Por qué has permitido que ocurra esto en mi vida? ¿Qué me estás haciendo, Dios mío? Bien puede ocurrir que de acuerdo con su amoroso plan Dios haya detenido la realización de un casamiento equivocado, y la desilusión hizo posible que lo escucháramos. De otro modo tal vez hubiésemos seguido adelante haciendo lo que nos parecía acertado, antes que hacer la voluntad de Dios.

A menudo tenemos una tendencia a echarle la culpa a Dios por nuestros infortunios, convirtiéndolo en blanco de nuestra ira. Cuando Job estaba sumido en el desastre su mujer se burló de él, diciendo: «¿Aún retienes tu integridad? Maldice a Dios, y muérete» (Job 2.9). Es evidente que Satanás estaba obrando para tratar de distorsionar la perspectiva que Job tenía de Dios.

Job le respondió con esta maravillosa afirmación: «¿Qué? ¿Recibiremos de Dios el bien, y el mal no lo recibiremos?» (v. 10). Su actitud ante su tremenda desilusión y dolor fue asombrosa.

Por lo tanto, el modo de reaccionar ante el desengaño resulta extremadamente importante. A veces le permitimos a Satanás que nos señale con su horrible dedo acusador, y que nos diga que no valemos nada; que la verdad es que Dios ya no nos ama. Conozco personas que vienen diciendo esto desde hace años. Cuando son víctimas de algún gran desengaño, se retuercen las manos en su desesperación, se amargan y se enfadan con Dios. No se dan cuenta de que Él los ha librado de arruinarse la vida. La reacción sabia ante la desilusión debe ser siempre la de preguntarle a Dios qué es lo que nos está tratando de enseñar, y entonces responder ante las amarguras con más discernimiento acerca de sus planes y propósitos.

Circunstancias inusuales

Las circunstancias inusuales, el quinto método para lograr nues-
tra atención, con frecuencia nos llevan a volver los ojos y el corazón
hacia Dios. La historia de Moisés ofrece un vivo ejemplo.
Moisés se había criado en la casa de Faraón. No cabe duda
de que era un gran guerrero y un competente estratega
militar. Un día, sin embargo, decidió hacer justicia por su
cuenta; mató a un soldado egipcio. Huyó para salvar su vida
y los cuarenta años que siguieron los pasó en los confines del
desierto en Madián, vistiendo invariablemente la misma
ropa maloliente y cuidando un pequeño rebaño de ovejas.

Debido al hecho de que Moisés era un hombre obstinado
e independiente y que, por lo tanto, tenía que ser quebrantado, Dios lo obligó a escucharlo. Leemos en Éxodo 3.1,2:

> Apacentando Moisés las ovejas de Jetro su suegro, sacer-
> dote de Madián, llevó las ovejas a través del desierto, y
> llegó hasta Horeb, monte de Dios. Y se le apareció el Ángel
> de Jehová en una llama de fuego en medio de una zarza; y
> él miró, y vio que la zarza ardía en fuego, y la zarza no se
> consumía.

Moisés había visto muchos fuegos y muchas zarzas que
ardían, ¡pero nunca había visto una que ardía y no se consumía!
Su reacción está registrada en los versículos 3 y 4:

> Entonces Moisés dijo: Iré yo ahora y veré esta grande
> visión, por qué causa la zarza no se quema. Viendo Jehová
> que él iba a ver, lo llamó Dios de en medio de la zarza, y
> dijo: ¡Moisés, Moisés! Y él respondió: Heme aquí.

Mediante una experiencia inusual Dios logró que lo escuchara. Moisés tuvo que interrumpir su rutina diaria para ver
lo que estaba pasando. Cuando lo hizo, entonces Dios le
habló.

Tenemos que aprender a vivir buscando la presencia de
Dios en cada circunstancia de la vida. El hijo de Dios que
anda según su Espíritu ha de buscar la obra, la huella del pie
y las impresiones digitales del todopoderoso Dios en cada
una de las situaciones que se le presenten en la vida. Dios es
soberano y nosotros somos sus hijos. No hay accidentes en

la vida del hijo de Dios. Puede haber algunas cosas que Dios permite. Y que Él manda. Hay situaciones que Dios crea en nuestra vida para captar nuestra atención, pero no hay accidentes. Supongamos que nuestro patrón diga que nos va a tener que despedir. Podemos reaccionar de varias maneras. Podemos preguntarnos qué van a pensar otros, o por qué Dios permitió que ocurriera esto. O podemos pedirle que nos explique lo que nos está tratando de enseñar. Dado que Él está involucrado en todo de alguna manera, incluso en situaciones tan difíciles como esta, la reacción adecuada es que como creyentes busquemos entender la perspectiva divina. El mismo Dios que nos dio el empleo es el que permitió que fuésemos despedidos.

Dios sabe exactamente lo que cuesta lograr que le prestemos atención, y con frecuencia son necesarias circunstancias sumamente inusuales para que nos detengamos y tomemos nota de lo que Dios está haciendo en nuestra vida.

El fracaso

Dios se vale de las circunstancias de fracaso para captar nuestra atención. La nación de Israel ya había llegado a la Tierra Prometida. La primera responsabilidad que tenían por delante era tomar la ciudad de Jericó, lo cual hicieron. El desafío siguiente fue Hai, un pequeño poblado soñoliento a poca distancia de Jericó. Desde todos los puntos de vista naturales, Hai iba a resultar sumamente fácil comparado con Jericó. Pero los guerreros israelitas cometieron dos errores terribles.

Primero, Dios le dijo a Josué que todo el botín, todo el oro y la plata de Jericó, le pertenecía a Él. No obstante, un hombre, Acán, decidió guardarse parte del tesoro para sí y lo enterró debajo de su tienda.

Segundo, las Escrituras dan a entender que cuando los israelitas fueron a Hai simplemente decidieron conquistarla; no adoptaron ninguna estrategia militar ni buscaron la dirección de Dios. Totalmente confiados, mandaron a un pequeño pelotón de soldados a ocupar Hai rápidamente. Josué 7.5 describe el inesperado resultado: «Y los de Hai mataron de ellos a unos treinta y seis hombres, los siguieron desde la puerta[...], y los derrotaron en la bajada; por lo cual el corazón del pueblo desfalleció y vino a ser como agua». Los poderosos israelitas habían sido derrotados. Y, sin duda, los inundó un gran temor porque las noticias de la catástrofe seguramente invadieron todo el territorio. La reacción de Josué se registra en el versículo 6: «Entonces Josué rompió sus vestidos, y se postró en tierra sobre su rostro delante del arca de Jehová hasta caer la tarde, él y los ancianos de Israel; y echaron polvo sobre sus cabezas». Vemos así que Dios logró atraer la atención de Josué permitiéndole fracasar en una empresa militar.

Cuando Dios nos ha bendecido espiritualmente o económicamente, cuando Dios hace algo superlativo en nuestra vida, ese es el momento de acordarnos de Hai. Su bendición debe arrojar como resultado una respuesta de gratitud y alabanza, y nuestra indivisa atención, porque a las grandes bendiciones pueden suceder grandes fracasos. Es justamente entonces cuando debemos ser ultra sensibles a la voz de Dios, porque con demasiada frecuencia nos volvemos orgullosos y centrados en nosotros mismos y arruinamos el propósito que tuvo Dios al bendecirnos.

Como resultado, Dios permite que fracasemos. ¿Cuántos hombres de negocios experimentan el fracaso y luego se preguntan qué fue lo que ocurrió? No hacen otra cosa que darse vuelta y reincidir una vez más, sin buscar la guía de Dios en la cuestión.

Recuerdo haber hablado con una creyente que describió su experiencia en una clase de estudio bíblico en el hogar. Deseosa por alcanzar a su vecindario para Cristo llenó decenas de buzones con invitaciones. Cuando llegó el día señalado tenía todo listo con varias docenas de pastelitos horneados y dos cafeteras llenas. Sólo aparecieron tres mujeres.

Con todo, en lugar de abandonar el proyecto, resolvió buscar un modo más adecuado. Después de varios intentos más descubrió que las vecinas respondían mucho mejor ante una invitación personal. Actualmente varias decenas de personas concurren encantadas a sus estudios bíblicos hogareños. El fracaso se convirtió en un medio para lograr el éxito.

Hay una gran diferencia entre fracasar y ser un fracasado. Un fracaso en alguna situación determinada podría llegar a ser el medio más adecuado para llegar al éxito en nuestra vida, si tenemos la sabiduría necesaria, en medio del fracaso, para prestar atención a Dios. Si el fracaso de hoy puede hacer que tengamos éxito mañana, deberíamos estar dispuestos a fracasar en las cosas pequeñas a fin de tener éxito en las más grandes. Sencillamente tenemos que estar dispuestos a reconocer nuestros errores, a decirle a Dios que nos equivocamos, y al mismo tiempo darle gracias porque logró captar nuestra atención en forma incondicional. Los fracasos no nos convierten en fracasados; pero el fracasar y luego responder adecuadamente puede servir para preparar el camino hacia futuras victorias.

Colapso financiero

Hay ocasiones cuando, para lograr captar nuestra atención, Dios arruina nuestras finanzas. Todo el tema del libro de Jueces es que «cada uno hacía lo que bien le parecía» (Jueces 17.6). Vez tras vez los israelitas se volvieron hacia la idolatría y a los casamientos con miembros de tribus paganas. En Jueces 6.1-6 se describe la escena:

> Los hijos de Israel hicieron lo malo ante los ojos de Jehová; y Jehová los entregó en mano de Madián por siete años. Y la mano de Madián prevaleció contra Israel. Y los hijos de Israel, por causa de los madianitas, se hicieron cuevas en los montes, y cavernas, y lugares fortificados. Pues sucedía que cuando Israel había sembrado, subían los madianitas y amalecitas y los hijos del oriente contra ellos; subían y los atacaban. Y acampando contra ellos destruían los frutos de la tierra, hasta llegar a Gaza; y no dejaban qué comer en Israel, ni ovejas, ni bueyes, ni asnos. Porque subían ellos y sus ganados, y venían con sus tiendas en grande multitud como langostas; ellos y sus camellos eran innumerables; así venían a la tierra para devastarla. De este modo empobrecía Israel en gran manera por causa de Madián; y los hijos de Israel clamaron a Jehová.

¿Cuándo clamaron al Señor? Cuando Dios les quitó todos los bienes materiales que tenían y los arrojó a las guaridas y a las cuevas, donde se ocultaban para salvar la vida. Dios sabía con exactitud lo que hacía falta para lograr que le prestaran atención; tenían que experimentar la destrucción de todas sus posesiones materiales.

¿Alguna vez le ha arruinado Dios sus finanzas? En algún momento de su vida sus finanzas pueden haber sido como un océano, pero se volvieron como un mar; luego se secaron quedando como un río, que se convirtió en un pequeño arroyo y, finalmente, desaparecieron. Para el hombre común a menudo esta es la forma más dura en que Dios logra captar su atención. Con todo, frecuentemente la reacción del creyente es equivocada. Piensa que si da el diezmo Dios no va a arruinar sus finanzas. No obstante, si alguien da el diezmo y deliberadamente desobedece a Dios, con seguridad que Él se va a valer de dolores de cabeza monetarios para lograr que busque su rostro.

El señor no se contradijo tampoco cuando dijo por medio de Pablo: «Mi Dios, pues, suplirá todo lo que os falta conforme a sus riquezas en gloria en Cristo Jesús» (Filipenses 4.19). Él sabe que nuestra necesidad más grande es que lo escuchemos. Esto es mucho más importante para Dios que cualquier ganancia material.

Conozco a varias personas cuyas finanzas fueron devastadas por Dios. No les quedó nada, pero logró que lo escucharan. La intervención divina los obligó a enfrentar cuestiones críticas en su andar espiritual.

Durante la Segunda Guerra Mundial, las máquinas del industrial R. G. K. constituyeron una parte tan esencial del éxito de los aliados como las fuerzas armadas mismas. Su gigantesca maquinaria, que removía tierra y escombros, preparó el terreno para pistas de aterrizaje en varias islas del Pacífico.

K. era, al mismo tiempo, un cristiano comprometido que daba plena participación a Dios en sus empresas comerciales, ofrendando a Dios y a su obra de modo sobreabundante. En los últimos años de la década del veinte, sin embargo, cuando las actividades comerciales de K. seguían creciendo, decidió reinvertir lo que denominaba «la parte de Dios» de las ganancias en la empresa, prometiéndole que al año siguiente recibiría una porción más grande. Los dos años que siguieron fueron de los peores que experimentó K. Las ganancias se redujeron. Aumentaron las deudas. Los proyectos de trabajo se convirtieron en pesadillas. Entonces recordó su anterior promesa al Señor, la cumplió y, en el lapso de un año, se recuperó de sus reveses financieros. Dios había empleado la tinta roja para ganar su atención. La cuestión no está en cuánto dinero se lleva o no se lleva Dios. Esto no tiene nada que ver con el asunto. La cuestión está en los medios de que se vale Dios para captar nuestra atención. La respuesta de los israelitas ante esa difícil situación fue clamar a Dios. Dios escuchó, los libró de los madianitas y los bendijo.

Tragedia

La tragedia es un método al cual a veces echa mano Dios para conquistar nuestra atención. Números 21.4-7 describe algunos acontecimientos de los que fueron protagonistas los israelitas:

> Después partieron del monte de Hor, camino del Mar Rojo, para rodear la tierra de Edom; y se desanimó el pueblo por el camino. Y habló el pueblo contra Dios y contra Moisés: ¿Por qué nos hiciste subir de Egipto para que muramos en este desierto? Pues no hay pan ni agua, y nuestra alma tiene fastidio de este pan tan liviano. Y Jehová envió entre el pueblo serpientes ardientes, que mordían al pueblo; y murió mucho pueblo de Israel. Entonces el pueblo vino a Moisés y dijo: Hemos pecado por haber hablado contra Jehová, contra ti; ruega a Jehová que quite de nosotros estas serpientes. Y Moisés oró por el pueblo.

No podemos considerar que toda tragedia en la vida de una persona sea prueba de la desaprobación de Dios, pero deberíamos analizar toda situación trágica por medio de un filtro espiritual. Si bien se trata de una tarea difícil, hay personas como Joni Eareckson Tada que constituyen pruebas vivientes del soberano designio de Dios en las calamidades. Cuando Joni era una adolescente, llena de vigor divino, su vida se vio radicalmente modificada una tarde de verano cuando se zambulló en una piscina con poca agua. En un abrir y cerrar de ojos ingresó en el entumecido mundo de los cuadriplégicos.

Meses de desesperación en un hospital no le dieron mayor esperanza en cuanto a su ahora incierto futuro. El eterno interrogante de «¿cómo puede permitir esto Dios?» danzaba sobre sus labios día y noche. Luego, firmemente, su fe en el amor de Dios para con ella comenzó a dominar sus ansiosos y a veces amargos interrogantes.

En años subsiguientes desarrolló la notable capacidad para pintar con un pincel entre sus dientes. El amor de su corazón, que latía por Dios, creció a grandes saltos, y así comenzó un ministerio destinado a millones de personas, un ministerio que nació y se nutrió de una tragedia. Sus libros, sus películas, sus conferencias y el ministerio especial orientado a los incapacitados han hecho de su vida de triunfo un relato familiar para la mayor parte de los cristianos en el mundo entero.

¿Cuántos miles de cristianos devotos han sido llamados al ministerio como consecuencia de la vida de Jim Elliot? Este fue muerto por los indios aucas cuando aún no había cumplido los treinta años, superficialmente parecía ser una vida tronchada prematuramente y una pérdida irreparable. Sin embargo, las alternativas de su vida, de su gran corazón, de sus acciones para Dios, relatados por su esposa en *Portales de esplendor, La sombra del Todopoderoso* y también en el diario del propio Jim Elliot, se han convertido en la catapulta que ha enviado a incontables cantidades de personas a los campos que «ya están blancos para la siega» (Juan 4.35).

Enfermedad y aflicción

Ezequías era un rey piadoso. El Señor lo había bendecido en muchas oportunidades y lo había salvado derrotando a ciento ochenta y cinco mil asirios que intentaban invadir su territorio (véase 2 Crónicas 32). Los versículos 22 y 23 cuentan del júbilo que resultó.

Así salvó Jehová a Ezequías y a los moradores de Jerusalén de las manos de Senaquerib rey de Asiria, y de las manos de todos; y les dio reposo por todos lados. Y muchos trajeron a Jerusalén ofrenda a Jehová, y ricos presentes a Ezequías rey de Judá; y fue muy engrandecido delante de todas las naciones después de esto.

Luego, súbitamente, en los versículos 24 y 25, la escena se oscurece. «En aquel tiempo Ezequías enfermó de muerte; y oró a Jehová, quien le respondió, y le dio una señal. Mas Ezequías no correspondió al bien que le había sido hecho, sino que se enalteció su corazón, y vino la ira contra él, y contra Judá y Jerusalén».

Ezequías enfermó gravemente. ¿Por qué habrá sido azotado con esa enfermedad? No creo que Dios haya insertado sin algún propósito entre los versículos la cuestión del envanecimiento de Ezequías. Es obvio que logró que Ezequías lo escuchara en relación con su orgullo a través de su enfermedad.

Una de las formas que Dios usa para hacer que le prestemos atención es la enfermedad o la aflicción. Por ejemplo, Dios captó la atención de Saulo de Tarso en el camino a Damasco arrojándolo al suelo y cegándolo. Por tres días no pudo ver nada. ¿Sería necesario algo así para que le prestásemos atención?

Creo en la sanidad. Creo lo que dicen las Escrituras en Santiago 5.14: «¿Está alguno enfermo entre vosotros? Llame a los ancianos de la iglesia, y oren por él, ungiéndole con aceite en el nombre del Señor».

Cuando estuve en el hospital por espacio de varias semanas, Dios se ocupó de mí maravillosamente. Se valió de mi enfermedad para lograr que penosamente le prestara atención a fin de que escuchara su voz. Si alguien hubiese orado a Dios para que me sanara no hubiera conocido una de las épocas espirituales más grandes de toda mi vida. Tenía necesidad de escuchar lo que Dios quería decirme. Debemos tener mucho cuidado en torno al tema de la sanidad, porque con frecuencia Dios utiliza una enfermedad para obligarnos a examinar nuestras vidas.

Al recorrer las páginas de mi diario compruebo que en cada una de las oportunidades cuando Dios ha permitido que me encontrara físicamente inmovilizado, por lo general había hecho algo estúpido que me había llevado a esa posición, como levantar una carretilla y dañarme la espalda. En cada una de estas ocasiones Dios me llevó a tomar una decisión que no debía eludir, y me obligó a enfrentar alguna cuestión que de otro modo hubiera evitado resolver. Dios no emplea los mismos métodos con todos. Él sabe exactamente lo que hace falta en la vida de usted para conseguir que le preste atención: un espíritu inquieto, una palabra dicha por otros, bendiciones, oraciones no contestadas o circunstancias inusuales. Es posible que utilice un método hoy, y que luego se valga de otro distinto dentro de tres semanas, alguna cosa dentro de varios meses o una estrategia totalmente diferente a dos años de esta fecha.

Lo que importa es que a Dios le interesamos lo suficiente como para emplear varios y diversos métodos para obligarnos a detener nuestro paso y escuchar lo que nos quiere decir. No se propone dejarnos caer en la boca de un tunel abierto sin proporcionarnos señales de peligro claramente discernibles. Se propone ofrecernos orientación específica y ayudarnos a entrar en sus maravillosos planes y propósitos para nuestra vida.

No nos va a dejar vagar desorientados por los intrincados vericuetos de la vida diaria sin mostrarnos las señales adecuadas que Él mismo ha colocado. Esto lo hace hablándonos suavemente.

Nuestro problema no está en que dudemos de la capacidad y el deseo de Dios de comunicarse, sino que con demasiada facilidad nos vemos impedidos de identificar su voz. Puesto que somos sus ovejas y que sus ovejas «conocen su voz» (Juan 10.4), tiene que haber indicios perceptibles tocante a la naturaleza de su conversación. Dichos indicios serán explorados en el próximo capítulo.

CAPÍTULO IV

Cómo reconocer la voz de Dios

Con frecuencia me dicen algunos: «Cuando escucho a Dios, ¿cómo sé que es Él quien me habla y no otra voz?» O esto otro: «Le he pedido a Dios que me guíe, pero parece que oigo dos voces. ¿Cómo sé que es Dios a quien oigo y no Satanás quien está interviniendo? ¿O será que me estoy hablando yo mismo?» O también: «¿Es simplemente mi conciencia que juega conmigo? ¿O será que Dios está tratando de conseguir algo?»

Se trata de preguntas legítimas que requieren una respuesta. Resulta esencial reconocer quién es el que habla si hemos de escuchar acertadamente.

En Mateo 16 Jesús les dijo a sus discípulos que Él debía ir a Jerusalén, sufrir muchas cosas, ser muerto y luego resucitar al tercer día (v. 21). Pedro, si bien con muy buenas intenciones tomó aquella afirmación de Jesús como una afrenta y dijo: «Señor, ten compasión de ti; en ninguna manera esto te acontezca» (v. 22). Jesús se volvió hacia Pedro y dijo: «¡Quítate de delante de mí, Satanás!; me eres tropiezo, porque no pones la mira en las cosas de Dios, sino en las de los hombres» (v. 23).

En este pasaje podemos ver la diferencia entre la voz de Dios y la voz de Satanás. El dilema de Pedro en este caso es también el nuestro. Podemos buscar la mente del Señor

acerca de decisiones que tenemos que tomar concernientes a
la familia, las finanzas, las vocaciones. Podemos estar deci-
didos a hacer lo correcto, de modo que comenzamos a orar.
Hoy sentimos que deberíamos hacerlo en cierta dirección,
pero mañana pensamos que deberíamos hacerlo en la dirección opuesta. Parecería como si la voz que oímos nos dice
algo diferente cada día. El resultado es que nos frustramos y
nos sentimos confundidos. Nos quedamos con la duda en
cuanto a la forma de saber claramente qué voz es la que
escuchamos.

Jesús aclaró en Juan 10.27 que la experiencia normal del
creyente consiste en escuchar a Dios acertadamente. «Mis
ovejas oyen mi voz, y yo las conozco, y me siguen». Si
nosotros, como creyentes, andamos en el Espíritu, entendemos el significado de la Cruz y permitimos que el Espíritu
Santo nos llene y que viva a través de nosotros, tendría que
resultarnos fácil distinguir si la voz que oímos proviene de
Dios, de la carne o del diablo. El andar natural del creyente
lleno del Espíritu y comprometido es tal que cuando Dios
habla puede reconocer su voz.

Algunos cristianos maduros han tenido experiencia en
esto de escuchar a Dios y pueden distinguir entre la voz de
Dios y otras voces. Para otros, especialmente los cristianos
con poca experiencia, resulta algo más problemático. La
oveja que ha sido pastoreada por un determinado pastor
muchos años está mejor equipada para oír esa voz, pero esto
no se aplica al caso de la ovejita que acaba de nacer. Dado
que sabemos que las Sagradas Escrituras nos enseñan que
todos los creyentes, nuevos o viejos, deberían poder discernir
claramente la voz de Dios, examinemos algunas de las pautas
que nos ayudarán a determinar la mente de Dios cuando
tengamos que tamizar lo que parecieran ser voces contradic-
torias.

Consecuente con la Palabra

La voz de Dios nunca nos va a decir que emprendamos
ninguna actividad o relación que no sea consecuente con las
Sagradas Escrituras. Por ejemplo, oigo que algunos dicen:
«Cuando oro me siento muy culpable. Me siento condenado.

Imagino que Dios me está apuntando con el dedo y me resulta sumamente difícil pedirle algo».

Si hemos confesado nuestros pecados, si nuestra vida está limpia (hasta donde lo sepamos), y si no estamos en actitud de desobediencia, pero *todavía* nos sentimos culpables y condenados, entonces debemos entender que esa voz viene directamente del diablo. Sabemos que esto es así porque Romanos 8.1 nos informa que «ahora, pues, ninguna condenación hay para los que están en Cristo Jesús». La voz acusadora no es consecuente en absoluto con la Palabra escrita de Dios; por consiguiente la culpa es falsa y es un dardo de condenación satánico.

Si ignoramos la Palabra de Dios y no la atesoramos en nuestra vida, cuando se presenta Satanás nos dejamos engañar con toda facilidad, pues Dios jamás nos pide que hagamos nada en contradicción con su Palabra. Cuanto mejor la conozcamos, tanto más fácilmente podremos reconocer su voz al hablarnos.

Si consideramos necesario tomar una decisión sobre alguna relación, acudamos a la Palabra de Dios y veamos lo que dice acerca de las relaciones. Si se trata de las finanzas, veamos qué es lo que dice la Biblia acerca de ellas. Cualquiera sea nuestra necesidad, alguna porción de las Escrituras puede ofrecernos la dirección correcta que nos hace falta. Si lo que oímos en la oración no está de acuerdo con las Escrituras, entonces lo que oímos no es de Dios; es otra voz, la de Satanás y sus huestes o la de la carne. La voz de Dios jamás incluye información alguna que pueda violar los principios de las Escrituras.

Conflicto con la sabiduría humana

Aunque hay excepciones, generalmente, cuando Dios nos pide algo habrá conflicto con lo que consideramos un curso de acción natural y razonable. Jesús dijo que si alguien nos hiere en una mejilla deberíamos ofrecerle la otra (véase Mateo 5.39). Esto, sin embargo, no es razonable. También dijo que si alguna persona quiere que la acompañemos una milla, deberíamos hacerlo dos más gustosamente. Esto tampoco es razonable.

El profeta Isaías lo expresó así:

Porque mis pensamientos no son vuestros pensamientos,
ni vuestros caminos mis caminos, dijo Jehová. Como son
más altos los cielos que la tierra, así son mis caminos más
altos que vuestros caminos, y mis pensamientos más que
vuestros pensamientos (Isaías 55.8,9).

Jesús por lo general hacía lo contrario de lo que la gente
esperaba. Si sentimos la tensión del mundo, y lo que oímos
de parte de Dios parece razonable y racional, entonces deberíamos investigarlo. Esto no quiere decir que Dios no haga
uso de la sabiduría humana. Lo hace. Pero en muchos casos
su voz nos pedirá que cumplamos algo que parece enteramente ilógico desde el punto de vista de nuestra mente.
Así fue cuando Dios le pidió a Abraham que sacrificara a
su hijo. Él pudo haber razonado que esa orden provenía del
diablo, que Dios jamás le pediría que hiciera semejante cosa.
Pero *era* de Dios, y porque obedeció, Dios siguió multiplicando
la simiente de Abraham a través de su hijo Isaac.

Choque con la naturaleza carnal

Dios jamás nos pedirá que hagamos algo que gratifique a
la carne. No quiero decir que Dios esté en contra de la alegría.
Está a favor de ella, pero a favor de la sana alegría que le
agrada y que trae consigo una sensación de pura plenitud y
no una instantánea gratificación de la carne.

Si lo que oímos nos insta a gratificar a la carne, a olvidar lo
que dicen otros, a hacer simplemente lo que nos da la gana,
entonces deberíamos entender que es algo que no viene de
Dios. Él no habla en esos términos. Siempre habla de modo
tal que los resultados agraden al Espíritu de Dios dentro de
nosotros, no a la carne. La vieja naturaleza sensual forma
parte de nuestra vida física, pero tiene que estar bajo el
control del Espíritu Santo. Hemos de satisfacer los anhelos
del Espíritu; su voz nutrirá y edificará nuestro espíritu, no
nuestra naturaleza carnal.

La sociedad actual apela constantemente a la naturaleza
carnal. La televisión, las revistas y muchos negocios procu-
ran afectar al individuo despertando sus instintos carnales.

Es en un mundo dominado por tales estruendos de carnalidad donde Dios nos llama a escuchar una voz que invariablemente busca el beneficio de otros tanto como el nuestro propio, una voz que requiere bastante fe para ser oída.

Desafío a la fe

Dios siempre desafía nuestra fe. Al hacerlo, edifica nuestra relación con Él y nos ayuda a tener intimidad con Él. Cuando elevamos nuestras peticiones al Señor, deberíamos preguntarnos siempre si han de servir para desafiar nuestra fe. No toda decisión que tomemos exigirá necesariamente una gran medida de fe, pero cuando la hagamos —y si no estamos seguros que la voz que oímos es la de Dios— esta pregunta ayudará a determinar el origen de la voz.

Cuando Jesús estaba en esta tierra, siempre andaba buscando personas que respondieran con fe. Podría haberse limitado a hablar simplemente, pero en muchos casos su voz exige un acto de fe de nuestra parte para entender lo que nos ha revelado.

Valentía

Cuando Dios habla, su voz requerirá muchas veces un acto de valor de nuestra parte. Es probable que esta valentía contenida en el libro de Josué sea el mejor ejemplo que conozcamos. Josué se vio frente a la asombrosa misión de hacer pasar el río Jordán a una multitud de israelitas quejosos cuando el Señor le entregó un mensaje alentador (Josué 1.1-9).

En el espacio de esos nueve versículos no menos de tres veces Dios exhortó a Josué a evidenciar un espíritu de valentía:

«Esfuérzate y sé valiente; porque tú repartirás a este pueblo por heredad la tierra» (Josué 1.6).

«Solamente esfuérzate y sé muy valiente» (Josué 1.7).

«Mira que te mando que te esfuerces y seas valiente» (Josué 1.9).

Yo diría que Josué necesitaba valor para obedecer el mandato de Dios, ¿no le parece? Pensemos en lo que sería seguir los pasos de un hombre llamado Moisés. ¡A pesar del milagroso liderazgo de Moisés, hasta él había fracasado en el intento de hacer entrar a los israelitas en la Tierra Prometida!

Josué necesitaba bastante fortaleza espiritual para completar la tarea. No menos hoy, nosotros nos vemos necesitados de valor interior para acometer las obras que Dios nos ha asignado. Los discípulos necesitaban valor para responder al mandato de Jesús de «seguirle». Pablo necesitaba valor para predicar ante quienes lo habían odiado anteriormente. Gedeón precisaba valor para vencer a sus adversarios. Cuando Dios habla el cumplimiento de sus planes depende en alguna medida de que nosotros respondamos o no con un espíritu confiado y valiente. Su voz no nos llama a un discipulado tímido sino a llevar a cabo un testimonio enérgico.

Repaso

Apliquemos ahora estos cinco puntos a Mateo 16 y veamos de qué manera se relacionan entre sí. Primero, ¿era consecuente con las Escrituras la afirmación de Jesús de que iba morir? Sí, según Isaías 53, lo era. Segundo, ¿entraba en conflicto con la sabiduría humana la afirmación de Jesús? ¿Estaba reñida con la lógica humana su aseveración de que sería muerto y que resucitaría al tercer día? Es obvio que sí. Tercero, ¿chocaba con los deseos carnales de Pedro la observación de Jesús? Por cierto que sí, porque Pedro se veía como uno de los integrantes del grupo de discípulos, y si Jesús moría, ¿adónde quedaba Pedro? Seguramente que quedaría afuera. Cuarto, ¿desafiaba la fe de Pedro la respuesta de Jesús? ¿Le exigía valor esta respuesta? Desde luego que sí. Pedro había visto mucho en su vida, la proclamación de la resurrección por parte de Jesús constituía un monumental desafío a su fe. ¿Estaría dispuesto a seguir a un hombre que decía que era el Mesías pero que estaba a punto de perder su vida? ¿Tendría el valor de perseverar y, si Jesús realmente se levantaba de los muertos, de seguirle? No cabe duda de que la voz de Dios exigía valor.

Aun cuando Jesús era, obviamente, quien hablaba en este pasaje, Pedro respondió declarando que lo que había dicho no pasaría nunca. Jesús le dijo a Pedro que no tenía puesta su mente en los intereses divinos sino en los del hombre, y le dijo a Satanás que se quitase de delante de Él. Por boca de Pedro Jesús supo que Satanás se había opuesto a su muerte en la cruz.

Estoy seguro de que Pedro, en su entusiasmo y emoción, señaló lo que dijo como expresión de lealtad y fidelidad. El problema era que *no era la voz de Dios*. Lo que debemos reconocer con claridad es que Satanás es maestro del engaño. Mediante su astucia y su falsedad tentó a Eva y a Adán a rebelarse contra Dios en el huerto de Edén. Obró con engaño por la forma en que habló en aquel entonces, y sigue obrando en la misma forma hoy. Como creyentes en proceso de maduración, si oímos la voz de Dios, Él no nos hará adoptar decisiones equivocadas. Nos protegerá en la medida en que andemos en el Espíritu y entendamos la centralidad de la cruz.

Podemos distinguir entre la voz de Dios y la de Satanás, a pesar de la habilidad de este último para disimularla hábilmente. Se presenta como ángel de luz junto con todos los atractivos apropiados. Es por eso, justamente, que los mismos creyentes pueden ser engañados. Hay una multitud de hijos de Dios en la actualidad que viven engañados por Satanás, pensando que han oído la voz de Dios. Hay gente de iglesia que dice haber oído su voz, y que Él les ha revelado que Jesucristo *no es* el Hijo de Dios. Esto no es cierto, desde luego. La Biblia dice: «Amados, no creáis a todo espíritu, sino probad los espíritus si son de Dios; porque muchos falsos profetas han salido por el mundo. En esto conoced el Espíritu de Dios: Todo espíritu que confiesa que Jesucristo ha venido en carne, es de Dios; y todo espíritu que no confiesa que Jesucristo ha venido en carne, no es de Dios» (1 Juan 4.1-3).

A medida que esta era se vuelve más tenebrosa, más serán las voces perjudiciales para el pueblo de Dios. Los que con desgano buscan su rostro y no anhelan conocerle con fervor serán *fácilmente* inducidos a aceptar numerosos errores doctrinales.

Satanás no golpea a la puerta para enseguida decir: «Hola, yo soy Satanás», sino que entra por la puerta de atrás valiéndose del lenguaje más astuto, convincente y persuasivo posible. La mejor forma del mundo para engañar a los creyentes es la de envolver un mensaje en lenguaje religioso y declarar que el mismo contiene alguna nueva intuición procedente de Dios.

Es por ello que como creyentes deberíamos continuar madurando a fin de que no necesitemos que nadie más nos enseñe. Si bien es cierto que Dios ha mandado pastores como predicadores, el crecimiento personal de nuestro ser espiritual debería ser nuestra prioridad.

No siempre tenemos que tener a alguien para que nos diga lo que Dios dice en relación con alguna decisión a tomar. Desde luego que todos necesitamos consejos ocasionalmente, pero como regla general deberíamos poder tener una actitud de humildad ante el Señor y aprender a conocer la diferencia entre la voz de Dios y la del diablo, entre los caminos de Dios y los del mundo.

Existen otras maneras mediante las cuales podemos distinguir el carácter divino de la voz de Dios.

Los efectos sobre otras personas

A Dios le preocupa la influencia que ejercemos como creyentes y el testimonio que damos a los demás. Si hay alguna medida de dureza o rigidez para otros en lo que oímos, entonces no es de Dios. Él nunca habla acerca de nuestra vida. Habla sobre nuestra rendición. Acerca de nuestra voluntad de entrega. Se refiere a nuestra crucifixión, nuestra muerte. Habla sobre la necesidad de amar a nuestro hermano, sobre la necesidad de que llevemos las cargas los unos a los otros, en cuanto a alentarnos unos a otros, respecto a la importancia de no ocasionar tropiezo a otros. Satanás nos dice que podemos hacer lo que nos plazca, que no deberíamos preocuparnos por el efecto que ejerce nuestra vida sobre otro. Nos dice que toda persona es una isla vuelta sobre sí misma y que deberíamos satisfacernos a nosotros mismos únicamente.

Cuando Dios habla no sólo tiene nuestro propio interés en mente sino también el bien de todas las personas a nuestro alcance. Siempre obra para bien de todo su pueblo, no para unos cuantos únicamente.

Paciencia

En ninguna parte de las Escrituras encontramos que Dios dice que debamos apresurarnos a tomar una decisión. Él no opera de esa forma. Todo el que está vinculado con el mundo de las finanzas sabe que el éxito no se basa en las decisiones instantáneas. Si bien puede haber momentos cuando se hace necesario oír su voz con premura, Dios nunca nos pide que actuemos ciega y apresuradamente. Es posible que tengamos que dar pasos veloces, pero podemos darlos de acuerdo con la voluntad de Dios, sin apresuramiento ante una situación dada.

Satanás siempre insta a actuar de inmediato, porque sabe que si decidimos retroceder y pensar bien las cosas, seguramente reconsideraremos nuestra actitud. ¿Cuántas personas han tomado decisiones que han tenido que lamentar el resto de su vida? El Salmo 27.14 nos exhorta: «Aguarda a Jehová; esfuérzate, y aliéntese tu corazón; sí, espera a Jehová». El Salmo 62.5: «Alma mía, en Dios solamente reposa, porque de Él es mi esperanza».

Si sentimos un irresistible impulso a actuar espontáneamente, es mejor que nos detengamos a considerar. A Dios le interesa tener todos los detalles en regla.

El rey Saúl fue uno de los que perdieron su trono por haber actuado apresuradamente. Elegido por el Señor para ser rey sobre Israel, el profeta Samuel le indicó que debía esperar en Gilgal. «Espera siete días, hasta que yo venga a ti y te enseñe lo que has de hacer» (1 Samuel 10.8).

Llegó el séptimo día y Samuel todavía no había vuelto. Con un ejército filisteo hostil hostigándolo, Saúl decidió tomar en sus propias manos las riendas de la situación, y preparó sacrificios para invocar el favor del Señor. Apenas realizado el sacrificio, apareció Samuel. Saúl ofreció unas pobres excusas, pero su imprudencia lo descalificó para disfrutar de un reinado prolongado y pacífico. El pretender adelantarnos a Dios es un error terrible, y las consecuencias son siempre desagradables.

Por otra parte, Nehemías, copero del rey persa Artajerjes, esperó pacientemente el momento oportuno de Dios, con resultados gloriosos. Habiendo oído por boca de exiliados que habían vivido en la Judá ocupada que los muros de Jerusalén estaban en ruinas, un apesadumbrado Nehemías se sentó y lloró e hizo duelo por algunos días, y ayunó y oró «delante del Dios de los cielos» (véase Nehemías 1.4). Más que apresurarse a entrar en acción, Nehemías esperó ante Dios. En efecto, rogó al Señor durante un período de cuatro meses, hasta que un día el propio rey le preguntó por qué tenía ese aspecto decaído. Nehemías explicó la situación, y en el lapso de unos días, estaba camino a Jerusalén con la aprobación del rey y con todos los materiales de construcción necesarios. Nehemías esperó hasta que el Señor ubicó en su lugar todos los detalles y luego procedió.

Considerar las consecuencias

Satanás nos dice que debemos «proceder, seguir adelante, tomar la decisión; sin preocuparnos por las consecuencias». A Dios, empero, le interesan y le preocupan las ramificaciones de nuestras acciones. Al mirar atrás y recorrer el camino andado en la vida, ¿cuántos, si hubiésemos considerado las consecuencias de una decisión, hubiéramos hecho la misma elección? Con seguridad que todos querríamos rectificar algunas de ellas.

Si Abraham hubiese considerado las posibles consecuencias de sus relaciones con Agar, sin duda habría resistido los ruegos de Sara de que le diera un hijo con su sierva.

Si David hubiese considerado la severidad de la disciplina de Dios con él por encima de sus intereses sobre Israel y Judá, habría escuchado el consejo de Joab de que cesara y desistiera del proyecto totalmente.

Satanás nos insta a «comer, beber y a alegrarnos», pero no añade «que mañana moriremos y enfrentaremos el juicio». No es la clase de persona que nos recordará las Escrituras.

El Nuevo Testamento es claro cuando considera las consecuencias de las decisiones. Cada vez que Dios habla tiene en mente nuestro futuro y hará que cada cual se pregunte: «Si tomo esta decisión, ¿qué pasará con mi familia, con mi trabajo, con mi andar con el Señor?» Dios no es simplemente el Dios del día presente, es a la vez el Dios del mañana.

Consejos piadosos

Con frecuencia Dios nos insta a procurar el consejo de otras personas. Cuando lo hace quiere que estudiemos el estilo de vida de la persona de la cual vamos a recibir consejos. ¿Por qué ha de ir un creyente a pedirle a un incrédulo consejos que van a afectar su vida? Algunos hombres de negocios pueden estar en desacuerdo con esto, pero desafío al lector a considerar el registro espiritual, moral y de comportamiento de toda persona a la que piensa acudir en busca de consejo. La decisión que haga afectará no solamente su trabajo sino todo su futuro y a toda su familia.

Esto no quiere decir que los incrédulos no tienen sabiduría y que no pueden dar buenos consejos. No obstante, el creyente puede agregar la dimensión espiritual y el discernimiento de las Escrituras a este asunto. Algunos consejeros ofrecen consejos reñidos con las Escrituras, que llevan a la ruina y a la destrucción.

Proverbios tiene mucho que decir sobre el valor de los consejos sabios. Proverbios 13.10 declara que «ciertamente la soberbia concebirá contienda; mas con los avisados está la sabiduría». Proverbios 20.5 ofrece esta instrucción: «Como aguas profundas es el consejo en el corazón del hombre; mas el hombre entendido lo alcanzará».

Recuerdo cuando mi abuelo, que era ministro del evangelio, me dijo un día: «Charles, sea lo que fuere lo que elijas hacer en la vida, obedece siempre plenamente a Dios. Si te dice que te golpees la cabeza contra una pared de ladrillos, hazlo, con la esperanza de que Él la restituirá sana». Jamás he olvidado ese consejo, el cual ha constituido la columna que ha servido de apoyo para mi ministerio personal durante estas últimas tres décadas.

Crecimiento espiritual

Dios nos informa que nos ha ordenado y predestinado para ser hechos conforme a la imagen de Cristo. Siendo esto así, entonces todo lo que Dios nos diga servirá para estimular nuestro crecimiento espiritual. Esto significa que nunca nos pedirá que hagamos algo o pensemos en algo que nos pueda hacer retroceder espiritualmente.

Jamás nos pediría que sigamos un curso de acción que pudiera entorpecer nuestra madurez espiritual. Una joven vino a verme y me contó que estaba saliendo con un hombre que era alcohólico y adúltero. A pesar de ello, me informó que creía que Dios le había dicho que debía casarse con él. ¿Estaba escuchando la voz de Dios? Por supuesto que no, porque un matrimonio de esa naturaleza simplemente no podría contribuir a su crecimiento espiritual. En realidad, en la mayoría de los casos, una situación así resulta negativa para el creyente.

Paz

Cuando Dios habla, una de las señales más comunes es una sensación de quietud espiritual. Quizás no resulte muy tranquilo al comienzo. La verdad es que puede haber mucho conflicto y lucha, pero cuanto más escuchamos, tanto mayor es la tranquilidad y la paz que nuestro espíritu llega a experimentar. Comenzamos a poseer lo que el apóstol Pablo llamó una paz «que sobrepasa todo entendimiento» (Filipenses 4.7). Se trata de una paz que nos rodea como una fortaleza y nos libra de vernos sobrecogidos de ansiedad, temor y frustración.

El proceso de ser elegido presidente de la Convención Bautista del Sur de los Estados Unidos fue uno de los conflictos más tumultuosos de mi vida; sin embargo, disfrutaba de perfecta paz. Muchos meses antes había orado y buscado saber qué pensaba el Señor en cuanto a la posibilidad de que fuese nominado para la presidencia. En algunas ocasiones dediqué una semana entera a la oración, procurando estar quieto y escuchar a Dios. La víspera de la convención, volví a esperar en el Señor y a escuchar su voz. Como resultado de su orientación autoricé que se propusiera mi nombre. Hubo mucho alboroto y sobrevino un gran conflicto de inmediato. En medio de todo el tumulto, gozaba de perfecta paz y seguridad. El tiempo que había dedicado a luchar con el Señor y a escuchar su voz me había dado la convicción de que debía permitir que mi nombre apareciera entre los nominados. Esas semanas y esos meses de oración y de búsqueda constituyeron el firme fundamento que me hicieron saber que había obrado bien cuando llegó el momento crítico.

Cuando nos inunda una paz de esa naturaleza, sabemos que hemos oído la voz de Dios y tenemos la seguridad de que se trata de su propia voz. Cuando alguien me viene a ver y me explica que ha escuchado la voz de Dios sobre alguna cuestión determinada, pero al mismo tiempo parece sentirse preocupado por la situación, dudo que realmente haya escuchado hablar al Señor. Los que en realidad oyen su voz por lo general no tratan de convencerme de que Dios les ha hablado; sencillamente saben que la decisión venía de Él. Jamás conseguiremos que Dios nos dé paz en casos de desobediencia. Podremos creer con la mente, pero nunca lograremos creer con nuestro espíritu y ejercitar la fe. Colosenses 3.15 dice:

> Y la paz [armonía del alma que viene] de Dios gobierne [actúe como árbitro constantemente] en vuestros corazones —decidiendo y resolviendo con carácter definitivo todas las cuestiones que surjan en nuestra mente— [en ese estado de sosiego], a la que [como miembros de Cristo] asimismo fuisteis llamados [a vivir] en un solo cuerpo; y sed agradecidos —apreciando y dando la alabanza a Dios siempre— (ampliado por el autor).

Cuando era niño mi madre solía decirme: «Charles, la cena estará lista a las seis de la tarde. Quiero que estés allí». Poco después me encontraba jugando cuando llegaban las seis. De repente oía una voz que gritaba: «¡Charles, Charles!» No tenía necesidad de averiguar si se trataba de la voz de mi madre. En menos de un segundo sabía de quién era. Me había criado escuchándola. Me podrían haber llamado mil madres, pero solamente *la mía* me llamaba por mi nombre de modo tal que yo la obedecía. Como somos salvos, forma parte del comportamiento natural y normal saber cuándo habla Dios; se trata de nuestro Padre que nos llama por nuestro nombre.

CAPÍTULO V

Factores que determinan la forma en que Dios se comunica

Como ya hemos demostrado que Dios todavía habla por diversos medios, cabe preguntarse ¿qué es lo que determina el contenido de lo que dice? Tomemos el caso de dos grupos de personas que están orando por las mismas cosas. Es posible que el grupo *A* reciba una respuesta sumamente positiva de parte de Dios, mientras que el grupo *B* no y pueda llegar a sentirse por eso prácticamente negativo y derrotado. ¿Por qué será que el grupo *A* se siente motivado y alentado, mientras que al grupo *B* se desalienta? Dios ama a ambos grupos por igual, pero hay una diferencia radical en cuanto a lo que oyen. Esa diferencia casi siempre puede explicarse mediante tres factores principales que influyen significativamente sobre el contenido de lo que Dios comunica a sus hijos.

Nuestra relación con Él

El primer factor, nuestra relación con Dios, afecta lo que oímos cuando oramos y escuchamos. El único mensaje que puede recibir el incrédulo de parte de Dios es que siendo un pecador tiene que buscar a Jesús como su Salvador. Mientras esa persona no conozca a Cristo como su Mesías, no oirá la

59

voz de Dios hablándole sobre ningún asunto que no sea la salvación.

¿Qué pasa con los creyentes? ¿Cómo influye nuestra relación con el Señor en lo que oímos? Esa relación tiene dos aspectos. *En primer lugar, somos salvos.* Cuando por fe recibimos al Señor como nuestro Salvador, dice la Biblia que nacemos de nuevo. Somos sacados del reino de las tinieblas y trasladados al reino de la luz. Nos hacemos hijos de Dios. Nuestra experiencia de salvación representa el comienzo de nuestra relación con Él.

La segunda parte de esa relación es nuestra identificación. Nuestra salvación se ocupa de nuestra seguridad eterna y nuestra identificación de nuestro andar diario victorioso. Por identificación quiero decir que la vida de Cristo pasa ahora a ser mía y que la mía es suya. «Ya no vivo yo, mas vive Cristo en mí» (Gálatas 2.20). Lo que le pasó a Cristo en el Calvario me pasó a mí. Cristo fue crucificado y yo fui crucificado. Cristo fue sepultado y yo fui sepultado. Cristo fue levantado y yo fui levantado. La identificación es el himno lema de Romanos 6. Cuando nos identificamos con Cristo y aceptamos que por la fe el poder del pecado ha sido quebrado, estamos en libertad para andar en el Espíritu, somos liberados para ser las personas que Dios quiere que seamos. Se trata de que Cristo Jesús vive su vida en nosotros y a través de nosotros como individuos. Nuestra relación con Él consiste en que somos salvos, perdonados, aceptados; somos hijos de Dios. En la cruz estamos seguros. Podemos contar con la paz y la seguridad de que nuestro andar diario le resulta agradable y honorable a Él. Ambos aspectos de la relación, la salvación y la identificación, hacen una gran diferencia en cuanto a lo que le oímos decir a Dios.

Quien está seguro y a salvo en el amor del Señor, y es sostenido por su gracia, ya no escucha hablar a un Dios distante. Ahora escucha a quien lo ama en tal medida que lo involucra en una relación personal y en esto radica la diferencia. Ya no nos acercamos a Él a tientas e implorando, con la duda de si seremos aceptados en su presencia o no.

Mediante mi identificación con el Señor, me acerco sabiendo que he sido aceptado, no por mi comportamiento sino porque he creído en Él en razón de lo que Él ya ha logrado. Por ello tengo la posibilidad de acercarme a Él con plena confianza y certidumbre. Ahora es mi Sumo Sacerdote personal, fiel y misericordioso. Es mi Padre, con el cual disfruto de íntima comunión. Ya no tengo que quedarme en pie en la parte exterior, procurando atisbar su presencia. Jesús ha pagado el precio de admisión mediante su sangre derramada, de modo que soy ahora miembro legítimo de su propia familia, con derecho a sentarme ante su presencia sintiéndome seguro en mi carácter filial. Oigo su voz porque soy «oveja de su prado» (véase Salmo 79.13).

Nuestra comprensión de Él

Lo que oímos es afectado no sólo por nuestra relación con Él sino también por otro factor, nuestro entendimiento de lo que Él es. Nacimos con un esquema mental en el cual se colocaron alternativas positivas y negativas. De manera inconsciente aceptamos puntos de vista basados fundamentalmente en lo que nos enseñaron otros. Nuestro punto de vista acerca de Dios se vio muy influenciado por el de nuestros padres y por lo que se nos enseñó en los primeros años de nuestra existencia. Muchos hemos incorporado en nuestro ser interior conceptos sobre Dios que nos han legado los maestros en la escuela, los de la Escuela Dominical y los predicadores. Nuestra percepción de Dios hoy todavía se compone en buena medida de lo que ellos entendían.

Una mañana, después de un compromiso, dos jóvenes me llevaban al aeropuerto. El conductor entró en conversación conmigo. Me contó que había recibido una cinta grabada con un sermón que prediqué sobre el tema de hacer a un lado las cosas de niño. Me informó que había estado en el volante más de dieciséis horas y que había escuchado la cinta en todo el recorrido. Estaba asombrado de la diferencia que se había operado en su vida después de escucharla y de que su relación con sus padres y con el Señor se había visto fortalecida a través del mensaje.

El otro joven estuvo callado la mayor parte del viaje, pero cuando nos acercábamos al aeropuerto reaccionó. Dio a entender que no estaba seguro de lo que Dios estaba haciendo en su vida y que parte de la confusión que sentía estaba relacionada con su llamado al ministerio. Cuando terminó de expresarse, le pregunté sobre su relación con sus padres. Contestó que su padre era un hombre sumamente dominante. Luego, sin provocación alguna, exclamó: «Usted sabe, cuando me acerco a Dios a orar, me asalta la misma sensación desdeñosa que siento cuando hablo con mi padre. Es como si lo viera cuando hablo con Dios. Tengo la misma imagen de un Dios dominador que no me ha aceptado y en su presencia tengo la sensación de que no puedo estar a la altura que debo estar».

Muchísimas personas se acercan a Dios de este mismo modo temeroso, porque la noción que tienen de Él ha sido distorsionada por la actitud, el comportamiento o la enseñanza de otros. Resulta fácil demostrar que nuestra comprensión de lo que Dios es afecta lo que oímos. Más aún, he identificado siete áreas claves para entender la naturaleza de Dios. Ellas determinan la esencia de la comunicación que nos llega de Él.

Un Padre amante o exigente

Cuando Dios habla, ¿oímos a un Padre amante que nos perdona y tiene un interés genuino en nosotros o a uno exigente, que vive elevando el nivel de lo que espera de nosotros, en quienes pone grandes expectativas? ¿Oímos la voz de uno que nos acepta donde estamos o la de alguien que insiste constantemente en que saquemos mejores notas que las que sacamos? Cuando oramos, ¿nos presentamos ante un Padre que nos envuelve con sus brazos en un enlace amoroso, o nos quedamos con la sensación de que estamos condenados?

Todos escuchamos uno u otro de los siguientes: Oímos a un Padre amoroso, que nos acepta, y que nos dice: «Está bien. Confía en mí la próxima vez y haré que tu gozo sea pleno»; u oímos a un padre exigente que nos censura, diciendo: «Pues bien, has vuelto a arruinar las cosas, ¿no? Evidentemente no hiciste lo que te dije, ¿no es cierto?»

El último caso no es el del Dios de la Biblia. El primero sí lo es. Por cierto que con frecuencia nuestra seguridad como creyentes depende de que entendamos que el Dios al cual servimos es primero y principalmente el *Dios de amor.*

Un amigo íntimo o distante

Cuando oímos a Dios, ¿escuchamos a un amigo íntimo o a uno distante que sólo mantiene con nosotros un vínculo casual? La intimidad forma parte vital de la vida cristiana. Dios quiere lograr una relación de intimidad con nosotros. Una de las pruebas evidentes es el hecho de que vino a este mundo en la persona de Jesucristo a fin de andar como hombre entre los hombres.

En la actualidad, cuando abordamos el tema de la intimidad, la mayoría de las personas piensa únicamente en el sexo. Pero la intimidad más grande es la de la amistad, o sea, la intimidad emocional. Cuando oramos y hablamos con Dios, escuchamos a un amigo íntimo, alguien que nos oye lo que queremos decir. Nuestro Señor es un amigo verdadero, genuino y fiel.

Está siempre allí, podemos contar con Él. Un amigo distante podrá prestar oídos a nuestras oraciones si da la casualidad de que nuestros intereses coinciden con los suyos, pero un amigo íntimo es alguien que escucha, sea o no de su interés. El que entendamos a Dios como un amigo íntimo o como un conocido distante influye en el grado de apertura que podamos tener en nuestras conversaciones con Él.

Cuando trabajaba como repartidor de diarios, conocí a un maestro que se detenía al lado de la calle y me compraba un ejemplar del periódico. Yo sabía que recibía el diario en su casa, pero de todos modos me compraba uno. Luego pasaba unos momentos conversando conmigo; me decía que pensaba y que oraba por mí. Puesto que mi padre falleció cuando tenía sólo siete meses de edad, ese maestro se convirtió en mi figura paterna. Me mostró que Dios me amaba y que no estaba demasiado atareado como para ocuparse de Charles Stanley. Me sirvió de gran aliento, y probablemente fue el único hombre que me proporcionó la perspectiva más equilibrada acerca de lo que era Dios, o sea, un Dios que se ocupaba en forma amorosa de sus criaturas, un amigo que nunca tenía apuro, que me amaba y me aceptaba incondicionalmente.

Un maestro paciente o intolerante

Supongamos que usted haya hecho un disparate. Ha metido la pata, y se acerca al Señor a fin de considerar la situación. ¿Es esto lo que le oye decir? «Entiendo. Permíteme que te muestre en qué fallaste. Permíteme que te muestre por qué fracasaste y por qué te sientes desilusionado. Permíteme que te muestre por qué estás desalentado y cómo puedes evitarlo la próxima vez. Aun cuando lo vuelvas a hacer, sin embargo, te voy a seguir amando, porque has sido aceptado por gracia, no por tu comportamiento. Te enseñaré por medio de mi Espíritu, aunque tropieces y caigas, porque mi meta final es que llegues a ser la persona que quiero que seas, conforme a la imagen de mi Hijo. De manera que sigue adelante, porque siempre estaré contigo».

¿O será esta la respuesta que recibe? «Pues bien, has arruinado todo de nuevo. ¿Será posible que no te entre en la cabeza que cuando te digo algo, es así como quiero que lo hagas? ¿Por qué será que te he dicho exactamente lo mismo vez tras vez, y te empeñas en complicarlo todo?»

Si vemos a Dios como el maestro paciente que sabe de dónde hemos salido y lo poco que sabemos, que comprende que los miembros de nuestra familia no eran cristianos practicantes, que entiende nuestros sentimientos de inferioridad, entonces escucharemos con un corazón abierto, dispuesto a aprender.

Si, en cambio, vemos a Dios como un maestro criticón que no hace sino insistir sobre nuestra falta de entendimiento espiritual, entonces vamos a vivir permanentemente esperando ser castigados por ese maestro intolerante que no aguanta nuestros errores o fracasos. Si esa es la idea que tenemos de Dios, en ese caso estamos escuchando a una deidad prefabricada, preprogramada que no tuvo su origen en las Escrituras.

Con frecuencia una de las razones de nuestra perspectiva incorrecta de Dios es que cada vez que vamos a algún culto de la iglesia, encendemos la televisión o incluso leemos un libro, alguien nos dice: «Estás pecando contra Dios». «No estás obedeciendo a Dios». «No estás haciendo esto». «Deberías hacer aquello». «Dios está insatisfecho». «Dios está enojado». Recibimos una paliza verbal, emocional, desde todos los ángulos, pero esto *no* está de acuerdo con el Dios de la Biblia. El Dios de la Biblia es alguien ante quien podemos presentarnos sabiendo que nos va a recibir con paciencia y comprensión. No es un ser criticón, estricto e intransigente. No nos reprende ni nos hace sentir insignificantes porque no logramos el nivel esperado.

Un guía paciente o airado

Todos tenemos momentos en la vida cuando nos salimos del camino. Nos desviamos. Decidimos que *esa* es la senda a seguir, pero a veces el resultado produce debilitamiento. ¿Cómo reacciona Dios?

Las Escrituras dicen que en esa situación, la reacción de Dios sería semejante a lo que sigue: «Un momento, Charles. Te has desviado del camino. Permíteme que te diga lo que va a pasar si sigues en esa dirección. Deja que te revele la forma en que puedes volver al camino correcto, a fin de evitar lamentables consecuencias en adelante».

Aunque pueda castigarnos a fin de que regresemos a la ruta, en ninguna parte de la Biblia dice Dios que se enoja cuando uno de sus hijos se extravía. Cuando le desobedecemos, Dios no se enoja; siente tristeza. El Espíritu Santo dentro de nosotros nos busca, recordándonos que Dios nos ama y quiere guiarnos. El sistema de alarmas comienza a funcionar, las luces comienzan a centellear, diciéndonos que nos hemos alejado de la voluntad de Dios, que estamos encaminados en dirección equivocada.

No se ocupa de recordarnos con severidad que una vez más hemos hecho una mala decisión. No nos aporrea por nuestra incapacidad. Ese tipo de perspectiva lo que hace es acercarnos a Dios sintiéndonos condenados, culpables y llenos de frustración, temores y ansiedades. Ver a nuestro Señor así constituye un tipo de esclavitud.

El lado negativo de todas estas actitudes hacia Dios es una de las razones por las que la iglesia es tan débil hoy. Estamos equivocados si pensamos que Dios es un guía rencoroso. No lo entendemos y acudimos a Él como pordioseros antes que como buscadores con fe.

Un consejero comprensivo o insensible

Cuando hablamos con el Señor y le presentamos nuestros temores y zozobras, ¿qué es lo que oímos? ¿Oímos que Dios nos dice: «Está bien. Me doy cuenta cómo te sientes. Entiendo por qué estás dolorido y también la razón. Entiendo perfectamente por qué caíste, y quiero decirte que te amo y que te voy a ayudar?

Por el contrario, acudimos al Señor y le decimos: «Señor, lamento tener que decirte esto, pero la verdad es que estoy muy avergonzado de acudir a tu presencia. Me siento culpable y bastante malvado como consecuencia de lo ocurrido. He acudido a ti tantas veces en busca de perdón por esta situación que entendería perfectamente si no me permitieras volver a encontrarme contigo. Te ruego que me perdones, Dios; por favor, perdóname aunque sólo sea una vez más».

Cuando descargamos las heridas de nuestro espíritu, las frustraciones de nuestra vida, Dios no es esa clase de consejero que nos arroja condenación a la cara o que nos aplasta con montones de culpa. Toda persona necesita un consejero al cual se le pueda contar la verdad, uno que no reaccione airadamente. Si los consejeros mundanos pueden evidenciar esa clase de compasión, mucho más que Dios.

El consejero que tenemos como creyentes es uno del cual no podemos ocultarnos. Lo sabe todo de todas maneras y podemos contarle lo que se nos ocurra. En efecto, podemos decirle lo que sentimos hacia Él, aun cuando esos sentimientos no sean necesariamente los más nobles. Sea lo que fuere que le digamos, Dios no deja de amarnos, y como consejero comprensivo, puede recibir cualquier cosa que le demos y aceptarnos incondicionalmente. Nos rodea con sus brazos y nos dice: «Está bien». En realidad, quizás lo más hermoso que cualquier consejero puede decirle al corazón quebrantado y desilusionado es esto: «Todo va a salir bien». ¿Es ese el tipo de consejero al que nos acercamos, o acudimos a uno insensible que más bien se enoja porque tenemos problemas? ¿Nos acercamos llenos de rechazo porque nuestro comportamiento no se asemeja a lo que se esperaba de nosotros? ¿Cuál es el nivel de comportamiento que el consejero espera? ¿Santidad y justicia sin compasión alguna?

La mayoría de nosotros hemos conocido algún momento de aflicción. ¿Acaso no fue esa persona que se limitó a estar sentada en silencio a su lado la que le ofreció el mayor consuelo? ¿Acaso el pastor más efectivo no fue la persona que dijo poco, pero que lloró junto a usted y se mostró sensible ante su dolor? El corazón compasivo y misericordioso es el corazón de Dios.

Cuando Jesús sanaba y daba de comer a las multitudes, dice la Biblia que «tuvo compasión de ellas» (Mateo 9.36). Cuando Cristo contempló la ciudad de Jerusalén, «al verla, lloró sobre ella» (Lucas 19.41). David escribió en Salmos 103.8: «Misericordioso y clemente es Jehová; lento para la ira, y grande en misericordia».

Un proveedor generoso o reacio

Cuando llevamos nuestras peticiones al Señor, ¿oímos a un Padre que dice que se deleita en darnos generosamente todas sus riquezas y toda su gloria? ¿Oímos a un Dios que dice que se deleita en proporcionar a sus hijos abundantes y provechosos tesoros? ¿O nos encontramos con uno que es reacio a dar, que tabula nuestros pedidos en una calculadora? ¿Vemos a un Dios con cuaderno en la mano, llevando una cuenta exacta de lo que nos va a otorgar esta vez?

El Dios de la Biblia no es un Dios calculador. Su interés es bendecirnos al máximo en nuestra vida. Es por ello que promete que algunos creyentes van a producir fruto al ciento por ciento. Así no obra el proveedor reticente. El concepto de un Dios chabacano y un tanto tacaño es una concepción totalmente errada del único y verdadero Dios viviente. Si acudimos a Él con alguna urgencia económica y no lo vemos como un proveedor generoso, estamos en una posición desfavorable. Nuestra fe ya tambalea, y nos va a costar recibir alguna bendición suya. Lo único que nos vamos a atrever a pedir es lo que creemos que merecemos, cuando en realidad no merecemos nada. Esto no tiene nada que ver en la cuestión.

Hemos de acudir pidiéndole a Dios que nos bendiga en base a sus infinitos recursos de gracia, amor y misericordia. El hecho de que podamos acudir confiadamente al Señor es algo que destaca el relato del hijo pródigo (véase Lucas 15.11-32). Allí vemos el retrato de un Dios que está preparado y dispuesto para bendecir a sus hijos con cosas maravillosas. Si conocemos a Dios, no estamos perdidos ni somos pródigos; somos hijos del Rey. No lo vemos como un proveedor tacaño, sino generoso; tendremos la esperanza de que su bondad nos inundará totalmente.

Si nos acercamos a Dios como derrochadores, calculando exactamente con cuánto nos va a bendecir, en ese caso no recibiremos las sobreabundantes bendiciones de Dios, porque no hemos acudido con fe; acudimos con dudas. Si tenemos una perspectiva equivocada de Dios, escuchamos el mensaje equivocado también.

Un sustentador fiel o inconsecuente

El todopoderoso Dios está de nuestra parte. Es nuestro fiel sustentador. Cuando todo el mundo nos abandona, podemos contar con Él. Cuando nadie está dispuesto a permanecer a nuestro lado, allí está Él. Es veraz, confiable y consecuente. Podemos depender de Él.

Cuando acudimos a Él y le pedimos apoyo de algún tipo, le oímos contestar: «Aquí estoy contigo. Apóyate en mi amor y mi gracia, toda mi omnipotencia y omnisciencia están a tu disposición. En esto estamos metidos ambos. Tienes mi fortaleza». O, cuando oramos, preguntamos: «Señor, ¿estás allí? Señor, no me parece oírte. ¿Por qué no hablas ni me dices nada, Señor?» Pues bien, ese no es el Dios nuestro, porque las Escrituras dicen que las misericordias de Dios son nuevas o fieles cada mañana (véase Lamentaciones 3.23). Sea que nos levantemos a la mañana o a la medianoche, sus tiernas misericordias están allí esperándonos. No tenemos necesidad de presentarnos ante Él preguntándonos si estamos diciendo lo correcto. Sencillamente acudimos a Él sabiendo que está de nuestra parte, y agradeciéndole por el hecho de estar invariablemente con nosotros.

Nuestra actitud hacia Él

Si acudimos a Él en actitud de rebeldía, de indiferencia y de orgullo, no oiremos lo que quiere decir. Para escuchar debemos poner de manifiesto una actitud adecuada hacia Dios. *Antes que todo, nuestra actitud debe ser sumisa.* Es preciso que nos presentemos ante el Señor y que estemos dispuestos a humillarnos demostrando disposición a hacer su voluntad. Debemos estar dispuestos a llevar a cabo cualquier tarea que nos proponga. *Segundo, nuestra actitud debe ser de confianza.* Tenemos que estar absolutamente convencidos de que Dios nos va llevar en la dirección correcta, y tener la certeza de que nos guiará por la senda de la justicia. Jamás podremos llegar a disfrutar de plena intimidad con un Dios en el cual no confiamos totalmente. Esperar en Él significa reconocer que es total y absolutamente confiable.

Tercero, nuestra actitud debe ser agradecida. Aunque ayer haya sido un desastre, hemos de trasponer hoy los portales de Dios con agradecimiento y sus atrios con alabanza.

¿Qué hacer con el pecado?

Quizá nos preguntemos dónde entra el pecado en este cuadro. He aquí cómo encuadra con nuestra actitud acerca de Dios. Aunque voluntaria o impulsivamente pequemos contra Él, seguimos teniendo un padre amante, un amigo íntimo, un maestro paciente, un manso guía, un consejero comprensivo, un proveedor generoso y un fiel sustentador.

No entendamos mal esto, pues no equivale a pasar por alto el pecado. El Dios de la Biblia que reacciona ante nuestro pecado no lo hace tratando de destruirnos. ¿Acaso un padre amante destruye a su hijo cuando se porta mal? ¿O lo echa de la casa? Claro que no. ¿Acaso un amigo íntimo nos vuelve la espalda cuando traicionamos su confianza? ¿Se irrita el maestro paciente cuando fracasamos? ¿Acaso el manso guía se vuelve hostil cuando perdemos el camino? ¿Acaso el consejero comprensivo nos espeta su animosidad cuando nos equivocamos? ¿Deja de ser benevolente el proveedor generoso o el fiel sustentador cuando tenemos miedo de seguir pidiendo? Demasiadas personas conciben ideas equivocadas acerca de Dios, y como resultado, se encuentran aprisionadas emocional y espiritualmente. Esa es la razón por la cual la Iglesia no es un poderoso ejército. Es el motivo por el cual no vibramos de emoción en torno al Señor Jesucristo, como también la razón por la cual no glorificamos a Dios al máximo de nuestra capacidad. Por eso nos abstenemos de difundir el mensaje de Jesucristo con confianza y valor, porque estamos muertos de miedo ante Dios.

No oímos la verdad; por consiguiente, no vivimos en ella. Ahora bien, no estoy minimizando el pecado ni sus efectos. El padre amante castiga a su hijo desobediente, pero lo hace con espíritu de amor. El maestro paciente hace quedar al niño después de clase hasta que aprende, pero ese maestro no deja de ser comprensivo. El guía amable orienta al escalador extraviado en la senda correcta, ¡pero no lo va a lanzar al vacío al hacerlo!

El saber que Dios está hablando no es suficiente. Tenemos que entender el carácter del Dios al que servimos si hemos de cumplir sus órdenes. Nuestra relación con Él, nuestra comprensión de Él y nuestra actitud hacia Él, todo influye en el contenido de lo que nos revela.

Las distorsiones de cualquiera de estos factores lógicamente alteran la esencia de su comunicación. Cuando están en armonía con los principios de la Biblia, podemos tener seguridad en cuanto a lo que oímos, porque escuchamos a aquel en el cual no hay «mudanza, ni sombra de variación» (véase Santiago 1.17).

CAPÍTULO VI

¿Escuchamos a Dios?

Samuel fue uno de los profetas más poderosos del Antiguo Testamento. Como expresé anteriormente, no es mera coincidencia que su primera tarea de parte de Dios haya requerido que aprendiera a escuchar su voz. En el primero de sus libros capítulo 3 versículos 4 al 10, leemos que Samuel, que había sido confiado al cuidado de Elí el sacerdote, estaba acostado una noche cuando el Señor le habló:

Jehová llamó a Samuel; y él respondió: Heme aquí. Y corriendo luego a Elí, dijo: Heme aquí; ¿para qué me llamaste? Y Elí le dijo: Yo no he llamado; vuelve y acuéstate. Y él se volvió y se acostó. Y Jehová volvió a llamar otra vez a Samuel. Y levantándose Samuel, vino a Elí y dijo: Heme aquí; ¿para qué me has llamado? Y él dijo: Hijo mío, yo no he llamado; vuelve y acuéstate. Y Samuel no había conocido aún a Jehová, ni la palabra de Jehová le había sido revelada. Jehová, pues, llamó la tercera vez a Samuel. Y él se levantó y vino a Elí, y dijo: Heme aquí; ¿para qué me has llamado? Entonces entendió Elí que Jehová llamaba al joven. Y dijo Elí a Samuel: Ve y acuéstate; y si te llamare dirás: Habla, Jehová, porque tu siervo oye. Así se fue Samuel, y se acostó en su lugar. Y vino Jehová y se paró, y llamó como las otras veces: ¡Samuel, Samuel! Entonces Samuel dijo: Habla, porque tu siervo oye.

¡Qué forma más hermosa de contestar a Dios: «Habla, porque tu siervo oye»! Elí enseñó a Samuel a escuchar a Dios, y si hoy hemos de ser hombres y mujeres suyos, tenemos que aprender en qué forma podemos oír lo que Él nos dice. Lo hacemos de varias maneras que vamos a considerar brevemente aquí.

Con expectación

Si hemos de escuchar a Dios, tenemos que acudir a Él con expectación. Debemos anticipar que Él nos quiere hablar. Jeremías 33.3 da un ejemplo de este anhelo cuando cita a Dios mismo: «Clama a mí, y yo te responderé, y te enseñaré cosas grandes y ocultas que tú no conoces». En todas las Escrituras encontramos la promesa de que Dios realmente nos habla, pero si nos acercamos a Él dudando de su capacidad para hablar, tendremos grandes dificultades para escuchar su voz. El acto de creer con expectación las promesas de Dios equivale a expresar fe, sin la cual «es imposible agradar a Dios» (véase Hebreos 11.6). Es preciso que tengamos gran expectación cuando se trata de oír hablar al Señor.

Dicha actitud se basa en la confiabilidad. Cuando Elías se enfrentó a los cuatroscientos cincuenta profetas de Baal y los cuatroscientos de Asera, lo hizo con una confianza que parecía rayar en la abierta insolencia. Después de burlarse de los falsos profetas que no pudieron hacer bajar fuego del cielo para consumir el sacrificio de bueyes que habían preparado, le correspondió su turno. Casi podemos imaginar la sonrisa de complacencia en su rostro mientras se preparaba para invocar al Dios de Israel.

Antes de hacerlo, sin embargo, hizo que alguien derramara cuatro cántaros de agua sobre la leña y los bueyes. Para mayor seguridad hizo que empaparan la leña con cuatro cántaros más de agua, y para que nadie pensara que no estaba suficientemente mojada, agregó cuatro más, «de manera que el agua corría alrededor del altar, y también se había llenado de agua la zanja» (1 Reyes 18.35). ¿Esperaba que Dios contestara?

Claro que sí. Elías sabía quién era el Dios vivo y verdadero porque ya lo había visto predecir y llevar a cabo una sequía. Ya había sido testigo de su gran poder cuando hizo volver a la vida al hijo de la viuda de Sarepta. Había comprobado la provisión hecha para ella por Dios al volver a llenar en forma sobrenatural la tinaja de harina y la vasija de aceite. Elías esperaba que Dios contestara porque había respondido fielmente en el pasado. El Dios de Elías es también nuestro Dios, y su confiabilidad no se ha modificado en lo más mínimo.

Con quietud

El salmista dijo: «Estad quietos, y conoced que yo soy Dios» (Salmo 46.10). Si hemos de escuchar a Dios, tenemos que estar quietos y dejar que Él sea el que hable. Muchos, cuando oran, se limitan a leer una lista de pedidos, se levantan y se van. En lugar de oír a Dios, nos limitamos a informarle lo que queremos. ¿Cómo puede Dios hablarnos si no nos damos tiempo para escuchar? La quietud es esencial para ello. Si estamos demasiado ocupados como para prestar atención, no oiremos nada. Si pasamos noche tras noche mirando la televisión y luego tratamos de escuchar, encontraremos que nuestra mente está repleta de interferencias carnales. Prepararse para escuchar a Dios requiere tiempo y quietud. «Alma mía, en Dios solamente reposa, porque de Él es mi esperanza» (Salmo 62.5).

Es por eso que a través de los siglos tantas personas han procurado recluirse en los desiertos, en las montañas o en los monasterios. Allí el ruido de la civilización desaparece y la voz de Dios no tiene tanta competencia. Ese silencio, sin embargo, podemos encontrarlo en la quietud del sofá de una sala de estar entrada la noche o en la mesa de la cocina temprano por la mañana. El lugar no tiene importancia. Lo que importa es la escala de los decibeles. La voz de Dios es quieta y suave, y es fácil sepultarla bajo una avalancha de clamor.

Con paciencia

Hay cosas que Dios no nos va a decir instantáneamente. Algunas revelaciones especiales las oiremos únicamente después de haber esperado un poco de tiempo. Una de las razones es sencillamente que no siempre estamos preparados.

Debido a ello, a veces Dios retiene información hasta que estemos preparados para escuchar. Debemos estar dispuestos a escucharlo pacientemente, porque esos períodos pueden prolongarse y poner a prueba nuestra fe. Dios ha prometido hablarnos al corazón, de modo que podemos esperar que lo haga, pero no está obligado a decirnos todo lo que queremos saber al momento en que deseamos contar con la información.

Nos gustaría decir: «Señor, esta es mi orden para hoy. Te ruego que me des una respuesta antes de que me levante de mis rodillas». Puede ocurrir que Dios no nos hable sobre esto sino semanas después, no porque se haya olvidado, sino porque en el proceso de esperar, nos cambia y prepara para oír su mensaje, el que quizás no hubiéramos aceptado si hubiese hablado instantáneamente.

Activamente

Para escuchar a Dios es preciso que esperemos activamente meditando en su Palabra. Colosenses 3.16 expresa que «la palabra de Cristo more en abundancia en vosotros, enseñándoos y exhortándoos unos a otros en toda sabiduría, cantando con gracia en vuestros corazones al Señor con salmos e himnos y cánticos espirituales».

Si sólo conocemos porciones de la Palabra y nos ocupamos de un tema favorito, dejamos de buscar todo el consejo de Dios. La forma en que nos hacemos ricos y rebosantes en la verdad de la Palabra es meditando sobre las Escrituras, escudriñándolas, digiriéndolas y aplicándolas a nuestro corazón.

Frente a una de las decisiones más difíciles de mi vida le pedí a Dios que hablara a mi corazón temeroso y titubeante. Estaba leyendo el capítulo 41 del libro de Isaías cuando llegué a la última parte del versículo 9, y fue como si Dios me dijera: «Pues bien, Charles: "Mi siervo eres tú; te escogí, y no te deseché. No temas, porque yo estoy contigo; no desmayes, porque yo soy tu Dios que te esfuerzo; siempre te ayudaré, siempre te sustentaré con la diestra de mi justicia"» (vv. 9,10). Medité sobre ese pasaje día y noche durante varias semanas, me recordaba continuamente su llamado a no temer y me daba la seguridad de que contaba con ayuda divina. «Porque yo Jehová soy tu Dios, quien te sostiene de tu mano derecha, y te dice: No temas, yo te ayudo» (v. 13). Cuando llegó el momento de la crisis, estaba lleno de una asombrosa paz. Ese pasaje me impactó completamente. Sentía que estaba mirando la situación desde la perspectiva de Dios, confiando en su promesa y en su poder para llevarla a cabo. Una vez más comprendí lo que Pablo quiere decir por esa paz que sobrepasa todo entendimiento.

En otro momento de mi vida y durante varias semanas el Señor me llevó de nuevo al Salmo 81 en mis meditaciones matutinas. El versículo 6 captaba mi atención constantemente: «Aparté su hombro de debajo de la carga; sus manos fueron descargadas de los cestos». Sabía que Dios estaba tratando de hablarme por medio de ese pasaje, pero no estaba seguro de lo que me quería decir. Cuanto más leía y meditaba, tanto más comencé a darme cuenta de que me estaba preparando para un cambio. En ese momento era pastor de una iglesia numerosa en una gran ciudad. Teníamos una escuela cristiana que crecía rápidamente, y me encontraba muy sobrecargado porque buena parte de la responsabilidad caía sobre mis propios hombros.

Después de pasar varias semanas meditando sobre ese pasaje y tomándolo como una promesa de liberación, el Señor me mandó un miembro del personal que literalmente me sacó la carga de los hombros y liberó mis manos de los cestos. Ella se hizo cargo de la responsabilidad total de la escuela y yo quedé libre para ocuparme de la iglesia.

Dios es sumamente preciso en las instrucciones y promesas que ofrece a través de su Palabra. La meditación en torno a la Palabra de Dios es una de las formas más maravillosas en que podemos escuchar la voz de Dios en busca de orientación divina.

Con confianza

Debemos confiar que cuando escuchamos a Dios, oiremos lo que necesitamos. No siempre será lo que deseamos, pero Dios nos comunica lo que resulta esencial para nuestro andar con Él.

¿Nos negaríamos a revelar a nuestros hijos la información necesaria a fin de obedecer nuestras instrucciones? ¿Les diríamos: «Esto es lo que quiero que hagan», y luego nos negaríamos a darles la información necesaria? Claro que no. El Señor Jesús dijo: «Pues si vosotros, siendo malos, sabéis dar buenas dádivas a vuestros hijos, ¿cuánto más vuestro Padre que está en los cielos dará buenas cosas a los que le pidan?» (Mateo 7.11).

En forma dependiente

Al acercarnos a Dios es preciso que lleguemos reconociendo que dependemos totalmente del Espíritu Santo para que nos enseñe la verdad. Si acudimos a Él con una actitud arrogante, será muy difícil que el Espíritu Santo nos instruya. En 1 Corintios 2.7-11 Pablo escribió lo siguiente:

> Mas hablamos sabiduría de Dios en misterio, la sabiduría oculta, la cual Dios predestinó antes de los siglos para nuestra gloria, la que ninguno de los príncipes de este siglo conoció; porque si la hubieran conocido, nunca habrían crucificado al Señor de gloria. Antes bien, como está escrito:

> Cosas que ojo no vio, ni oído oyó,
> ni han subido en corazón de hombre,
> son las que Dios ha preparado
> para los que le aman.

> Pero Dios nos las reveló a nosotros por el Espíritu; porque el Espíritu todo lo escudriña, aun lo profundo de Dios. Porque, ¿quién de los hombres sabe las cosas del hombre, sino el espíritu del hombre que está en él? Así tampoco nadie conoció las cosas de Dios, sino el Espíritu de Dios.

No hay modo de escuchar a Dios aparte del ministerio del Espíritu Santo. Cuando Dios habla por medio de otros o por medio de las circunstancias, se trata de la obra del Espíritu.

Jesús dijo en Juan 16.7: «Pero yo os digo la verdad: Os conviene que yo me vaya; porque si no me fuese, el Consolador no vendría a vosotros; mas si me fuere, os lo enviaré». Y en Juan 16.13 Cristo explica que el Espíritu «no hablará por su propia cuenta, sino que hablará todo lo que oyere, y os hará saber las cosas que habrán de venir».

Cada uno de nosotros posee un receptor divino que vive dentro de nosotros en la persona del Espíritu Santo. Es por esto que Pablo agregó en 1 Corintios 2.12 que «nosotros no hemos recibido el espíritu del mundo, sino el Espíritu que proviene de Dios, para que sepamos lo que Dios nos ha concedido». La oración no consiste en que Dios está arriba y nosotros aquí abajo; es el Espíritu Santo hablando dentro de nosotros, dando testimonio a nuestro espíritu para que conozcamos la mente de Dios. La verdad es que tenemos la mente de Cristo, pero ¿cómo hacemos para apropiarnosla en un momento dado? Aceptando en ese momento, por la fe, que el Espíritu Santo que vive en nosotros contestará nuestras peticiones, hablará a nuestro corazón y nos dará instrucciones.

Para recibir las instrucciones de Dios es necesario que estemos en buenas relaciones con Él. Eso significa que hemos de ser llenos de su Espíritu y tenemos que aprender a andar en su Espíritu, sin contristar al Espíritu Santo de Dios (véase Efesios 4.30). Si contristamos a Dios al decirle sí al pecado y apagamos al Espíritu diciéndole no a Dios, ¿cómo puede el Espíritu Santo, que es receptor y comunicador para nuestro espíritu, declararnos la revelación de Dios? Una de las principales razones por las que la gente no oye nada cuando habla con Dios es que no está viviendo en el Espíritu. Su estilo de vida está en silenciosa rebelión contra Dios.

Una de las razones por las cuales Dios nos manda ser llenos del Espíritu es que no sólo nos da el poder necesario para el servicio, sino también que ese Espíritu es esencial para que podamos oír a Dios. Si apagamos y contristamos al Espíritu, no puede entregarnos el mensaje de Dios porque no estamos escuchando. Si rehusamos oír lo que el Espíritu Santo nos dice, entonces nuestra oración resultará un inútil parloteo dirigido hacia el cielo, el cual no es oído por Dios. Nuestra forma de vivir establece la diferencia en lo que oímos. El creyente puede vivir lo que la mayoría caracterizaría como una vida cristiana normal y aun así estar equivocado, porque no escucha al Espíritu. Jamás podremos adquirir suficiente educación y suficiente experiencia, como para vivir independientemente del Espíritu Santo. Él debe darnos la mente de Cristo, o no la poseeremos. El Espíritu no va a hablar mientras no admitamos que aparte de su genuina obra en nuestras vidas, somos incapaces de recibir algo de Él. No podemos obligar a Dios a que nos diga algo ni un segundo antes de que esté resuelto a hacerlo. Podemos ayunar, orar, gemir y ofrendar, pero nada de eso lo impresiona en absoluto. La única forma es acudiendo humildemente a Él, dependiendo de la obra efectiva y perdurable del Espíritu Santo dentro de nosotros.

De manera receptiva

Debemos acercarnos a Dios abiertamente. Segunda Timoteo 3.16 es un pasaje familiar en el cual Pablo escribió esto: «Toda la Escritura es inspirada por Dios, y útil para enseñar, para redargüir, para corregir, para instruir en justicia».

Escuchar abiertamente significa estar dispuestos a oír que Dios nos corrija además de consolarnos, nos acuse además de darnos seguridad. Podemos esperar que Dios nos dé una palabra de consuelo sin pensar que desea darnos una palabra de corrección. Si acudimos a Él únicamente en busca de consuelo y prosperidad, sólo en busca de lo que reconforta el oído, entonces no siempre oiremos lo que tiene para decirnos.

Si no estamos dispuestos a escuchar su corrección, no pasará mucho tiempo antes de que aumente en forma dramática nuestra necesidad de ella. Al escuchar su voz, dependiendo humildemente del Espíritu Santo, Dios traerá a nuestra memoria aspectos que requieren disciplina. Debemos aceptar tanto lo positivo como lo negativo.

Muchos son los que se han puesto de rodillas delante de Dios y Él les ha hablado, pero no les ha dicho lo que esperaban oír. Incluso con las correcciones Dios tiene a la vista una meta positiva, la cual consiste en impedir que cometamos errores desastrosos y nos arruinemos la vida. Cuando acudimos a Él con un cedazo espiritual en la mente, resueltos a elegir únicamente lo que queremos oír, no estaremos escuchando acertadamente.

Con atención

Escuchar a Dios requiere nuestra plena atención. Si nos habla por medio de su Palabra (por medio de su Espíritu, por medio de otros o por medio de las circunstancias), tenemos que vivir cada día en forma atenta y alerta. Alguien puede decir algo que nos sirva de piadosa admonición o advertencia. Dios quiere que penetre en nuestro espíritu, nutra la verdad y le dé vida, de modo que se convierta en corrección y consuelo. Sin embargo, es preciso estar atentos a fin de que se produzca ese fruto espiritual. Nuestras antenas espirituales tienen que estar plenamente extendidas. Tenemos que ser vigilantes a fin de discernir la voz de Dios en las circunstancias de nuestra vida cada día. Debemos preguntarnos constantemente: «¿Qué es lo que está pasando realmente? ¿Qué significa esta circunstancia en particular?» Como cristianos no podemos dividir nuestra vida en compartimientos seculares y espirituales. Todo nuestro andar es espiritual porque Cristo es vida. Desde luego que no todo lo que hacemos, pensamos o decimos es de carácter espiritual, pero nuestro andar es espiritual porque somos nuevas creaciones en Cristo Jesús. Así, en todo lo que Dios permite en nuestra vida, debemos buscar siempre sus impresiones digitales. Debemos procurar escuchar la voz de Dios en todo sonido.

Con cuidado

Hebreos 4.12 nos habla acerca del poder de la Palabra. Dice así: «Porque la palabra de Dios es viva y eficaz, y más cortante que toda espada de dos filos; y penetra hasta partir el alma y el espíritu, las coyunturas y los tuétanos, y discierne los pensamientos y las intenciones del corazón».

En este versículo Dios nos informa que todo lo que oímos ha de ser cernido a través de la Palabra. Antes de incorporar algo a nuestra vida, deberíamos filtrarlo a través de las Escrituras y eliminar todo lo que esté en contradicción con ellas. Si se trata de algo contrario a la Palabra de Dios debe ser neutralizado. Esta es la razón por la que debemos escuchar su voz cuidadosamente, porque la Palabra de Dios revela las intenciones y las motivaciones más profundas de nuestra vida. La Palabra de Dios retira el velo de modo que podamos ver la realidad de todo lo que nos rodea. La luz de la Palabra ilumina todo, permitiéndonos separar la verdad del error. Todo lo que oímos tiene que ser prolijamente controlado valiéndonos de la norma absoluta de la verdad divina.

Sumisamente

Debemos escuchar a Dios en forma sumisa, porque habrá ocasiones en que lo que hable a nuestro corazón no nos va a gustar. Cuando el Señor nos dice algo que no queremos escuchar, es posible que no reaccionemos con un espíritu de total obediencia. Pero Dios no se vuelve hostil ante nuestro espíritu rebelde; esa no es su forma de reaccionar. Él nos conoce desde antes de que nos dispusiéramos a escucharlo y sabe exactamente en qué forma reaccionaríamos. Puede que lo entristezca nuestra reacción negativa, pero no manda un escuadrón de airados ángeles a destruirnos. Él sabe que vamos a tener que luchar con ciertas cosas.

Cuando Jesús fue al huerto de Getsemaní, ya estaba sometido a la voluntad del Padre. No obstante, contendió con el Padre para determinar si existía alguna otra forma de lograr el propósito de Dios. Batalló con la separación del Padre mientras que a la vez estaba consagrado a su voluntad. Habrá momentos cuando acudamos a Él, le escuchemos y luego luchemos con lo que oímos. Es posible que no desobedezcamos constantemente lo que oímos, pero algunas veces no comprendemos cómo ni por qué Dios va a hacerlo. Quizás seamos tan sumisos como sepamos ser en el momento, pero todavía nos esforzamos por cumplir con lo que Él dice. En última instancia, la sumisión siempre tendrá que acompañar a la tarea de escuchar si hemos de oír plenamente a Dios. Ello es esencial si hemos de seguir al Señor.

Recuerdo a un hombre que acababa de salir de las fuerzas aéreas después de la Segunda Guerra Mundial. Había sido un hábil instructor y esperaba incorporarse a una línea aérea importante y dedicar el resto de su vida a trabajar como piloto. Pensaba que iba a recibir un buen sueldo y que al mismo tiempo podría testificar de Cristo.

El Señor tenía otras ideas. Al estudiar varios ofrecimientos, un viejo amigo le pidió que se uniera a él en su actividad evangelística. No le gustaba la idea y se lo dijo a Dios. Cuando llegó el momento de responder a las líneas aéreas, sin embargo, rechazó las ofertas y entró en el ministerio cristiano a tiempo completo, donde se desempeñó exitosamente durante treinta años.

Me dijo que muchas veces veía sobre su cabeza los *jets* y soñaba con la idea de volver a pilotear. Siguió recibiendo lucrativos ofrecimientos para volver a volar, pero los fue rechazando todos porque quería ser sumiso a la voluntad de Dios. En razón de esa voluntad de sumisión, cumplió el propósito de Dios para su vida, realizando las obras que le había ordenado, en lugar de seguir sus propios planes tan bien trazados.

Con agradecimiento

Cuando nos acercamos al Padre, deberíamos hacerlo en una actitud agradecida. Deberíamos sentir agradecimiento de que el Padre nos amara tanto como para mandar a su unigénito Hijo a la cruz; agradecidos por la crucifixión; agradecidos por nuestra salvación; agradecidos de que Dios nos haya arrebatado del reino de las tinieblas y nos haya colocado en el de la luz. Como lo explicó Pablo en Filipenses 4.6 y 7: «Por nada estéis afanosos, sino sean conocidas vuestras peticiones delante de Dios en toda oración y ruego, con acción de gracias. Y la paz de Dios, que sobrepasa todo entendimiento, guardará vuestros corazones y vuestros pensamientos en Cristo Jesús».

Aunque hay millones de personas en el universo, Dios se interesa en cada uno de nosotros. Tiene un conocimiento íntimo de nosotros en su mente incomparable e indescriptible. Cuando nos acercamos a Él, deberíamos hacerlo con corazón agradecido, porque no entramos en contacto con un Padre celestial que habla a las masas, sino con un Padre que habla con individuos. Esta verdad debería comprometer nuestra ilimitada gratitud.

Con reverencia

El fundamento sobre cuya base deberíamos escuchar a Dios lo constituye un corazón reverente. Debería asombrarnos el hecho de que podamos hablar con Dios, aquel que creó el sol y el mundo de la nada, el que creó todas las complejidades de la vida humana. Debería hacernos humildes la comprobación de que este mismo Dios omnipotente está dispuesto a escucharnos en silencio, mientras simultáneamente imprime dirección a la inmensidad del universo. Su atención total, concentrada e ininterrumpida, está centrada en nosotros individualmente. Esto debería humillarnos y crear dentro de nosotros una reverencia que reconozca que Dios es realmente el todopoderoso Creador.

CAPÍTULO VII

Sentados en la presencia del Señor

La sola mención de la palabra *meditación* evoca diversas y variadas imágenes, todas, en alguna medida extrañas a la mentalidad occidental. De algún modo u otro, los creyentes contemporáneos han eliminado esta palabra del vocabulario bíblico. En la actualidad su uso se ha limitado principalmente a la práctica de las religiones orientales y así, para el cristiano, ha sido arrojada a una esfera casi obsoleta y prohibida. Este abandono del vocablo se ha hecho a costa de un gran peligro, porque la meditación y su aplicación escritural son de inmenso valor si hemos de escuchar acertadamente a Dios.

Tal vez nadie se haya ocupado de esta piadosa práctica más fervorosamente y con mayor éxito que el rey David. Muchos de los salmos son producto de su silenciosa reflexión y espera en Dios. Como «varón conforme al corazón de Dios», David tenía que conocer antes que nada la mente y el corazón de Dios. En gran medida lograba esto mediante la persistente práctica de la meditación santa. Una ilustración gráfica podemos encontrarla en 2 Samuel 7. En ese capítulo vemos que David ha alcanzado un lugar de reposo en su reino. Sus campañas militares ya no figuran en su tablero de planeamiento, y ahora considera la posibilidad de edificar un templo para el Señor. El profeta Natán da a conocer un alentador mensaje acerca de la fidelidad de Dios para con David y el plan del Señor de construir el templo. La respuesta de David ante el comunicado de Natán se encuentra en 2 Samuel 7.18: «Y entró el rey David y se puso delante de Jehová, y dijo: Señor Jehová, ¿quién soy yo, y qué es mi casa, para que tú me hayas traído hasta aquí?» Notemos la frase «David[...] se puso delante de Jehová». Claro que no estaba sentado en una silla, como quizás lo haríamos nosotros. Estaba arrodillado y echado hacia atrás sobre sus calcañales, escuchando y hablando con el Señor. David estaba meditando.

J.I. Packer, en su libro *Hacia el conocimiento de Dios*, nos da una buena definición de lo que es meditación, tal como lo he visto:

> Meditación es la actividad que consiste en recordar, en pensar, en reflexionar y en aplicar a uno mismo todo lo que sabe acerca de las obras, el proceder, los propósitos y las promesas de Dios. Es la actividad del pensar consagrado, que se realiza conscientemente en la presencia de Dios, a la vista de Dios, con la ayuda de Dios y como medio de comunión con Dios. Tiene como fin aclarar la visión mental y espiritual que tenemos de Dios y permitir que la verdad de la misma haga un impacto pleno y apropiado sobre la mente y el corazón. Se trata de un modo de hablar con uno mismo sobre Dios y uno mismo; más aun, con frecuencia consiste en discutir con uno mismo, a fin de librarse de un espíritu de duda, de incredulidad, para adquirir una clara aprehensión del poder y la gracia de Dios. Tiene como efecto invariable el humillarnos, cuando contemplamos la grandeza y la gloria de Dios, y nuestra propia pequeñez y pecaminosidad, como también alentarnos y darnos seguridad —«consolarnos», para emplear el vocablo en el antiguo sentido bíblico del mismo— mientras contemplamos las inescrutables riquezas de la misericordia divina desplegadas en el Señor Jesucristo.[1]

La meditación no era nada nuevo para David porque hacía mucho que sabía lo que significaba. Leemos en los Salmos que con frecuencia escuchaba al Padre y hablaba con Él en el

---

1   J. I. Packer, *Hacia el conocimiento de Dios*, Logoi, Miami, 1979, p. 18.

campo. Incluso cuando escapaba de Saúl y esquivaba sus lanzas, David se tomaba tiempo para meditar en Dios.

Dado que la meditación es la única actividad que debería constituir la prioridad diaria de los creyentes, es justamente la única disciplina que Satanás procura tenazmente impedir que cumplamos. Sin embargo, cuando examinamos las recompensas y los resultados de la meditación, nos damos cuenta, muy pronto, que no puede ocupar un lugar secundario. Tiene que ser lo primero.

Muchos creyentes piensan que la meditación es sólo para los pastores u otros líderes espirituales. No ven su papel en un mundo secularizado donde reinan las contiendas y la competencia. Parece algo extraño para quienes tienen que levantarse y salir a la autopista a las siete de la mañana, estar en una ruidosa oficina todo el día y luego luchar con el tránsito para volver a casa, donde seguidamente tienen que ocuparse de los problemas domésticos. No obstante, es en medio de ese constante tumulto donde el creyente se encuentra sumamente necesitado de los efectos tranquilizadores de la meditación, a fin de que pueda destilar la voz de Dios apartándola del fragor del diario vivir. Dios concibió la práctica de la meditación no solamente para predicadores, sino para todos sus hijos a fin de que nos relacionemos mejor con Él. La meditación personal y privada comienza cuando nos aislamos con el Señor y estamos en silencio delante de Él. Puede ser nada más que cinco minutos, treinta o incluso toda una hora. Lo importante es que estemos a solas con el Señor para descubrir su dirección y su propósito para nuestra vida.

La dirección personal y convincente es sólo uno de los beneficios de la meditación. Salmo 119.97-100 enumera algunas de las otras recompensas de la meditación, tales como la sabiduría, el discernimiento, una visión clara y una obediencia agudizada.

Josué 1.8 es un maravilloso versículo de las Escrituras acerca de los benditos beneficios del pensar concentradamente. «Nunca se apartará de tu boca este libro de la ley, sino que de día y de noche meditarás en él, para que guardes y hagas conforme a todo lo que en él está escrito; porque entonces harás prosperar tu camino, y todo te saldrá bien». La meditación es la forma en que Dios corona nuestra vida del éxito suyo y da prosperidad de alma, espíritu y cuerpo. Es también un catalizador para un vivir obediente. Quiero señalar al lector cuatro principios que lo guiarán hacia una meditación significativa. Estos constituirán verdades liberadoras que le harán oír la voz de Dios de un modo nuevo y vigorizante.

Revisar el pasado

Revisar el pasado es una forma excelente de comenzar nuestro momento de meditación, porque al hacerlo veremos patrones que Dios ha entretejido en nuestra vida. Uno de los primeros pasos que dio David en 2 Samuel 7.18 fue rememorar las bendiciones de Dios: «Señor Jehová, ¿quién soy yo, y qué es mi casa, para que tú me hayas traído hasta aquí?» David recordó su pelea con Goliat. Recordó los años pasados escapando de Saúl, las batallas que había ganado. Ahora que había paz en su vida, tenía el privilegio de saborear las maravillosas obras de Dios.

Cuando meditamos, deberíamos centrar la atención en la forma en que Dios ha obrado en nuestra vida en el pasado. Deberíamos procurar descubrir su mano en todos nuestros asuntos. Al hacerlo, veremos su mano de corrección, de consuelo y de exhortación, y podremos distinguir mejor su modo de actuar en nuestra vida en el presente.

Reflexionar sobre Dios

Después de revisar el pasado deberíamos reflexionar sobre Dios. Escuchemos lo que dice David: «Y aun te ha parecido poco esto, Señor Jehová, pues también has hablado de la casa de tu siervo en lo por venir. ¿Es así como procede el hombre, Señor Jehová? ¿Y qué más puede añadir David hablando contigo? Pues tú conoces a tu siervo, Señor Jehová. Todas estas grandezas has hecho por tu palabra y conforme a tu corazón, haciéndolas saber a tu siervo» (2 Samuel 7.19-21).

Al comenzar a reflexionar acerca de Dios, deberíamos considerar tres facetas: Primero, su *grandeza*; segundo, su *gracia*; y tercero, su *bondad*. Cuando meditamos en la grandeza de Dios y sus nombres: Jehová, Yahveh, Elohim, Eterno, Infinito en poder, Absoluto en fidelidad, nuestras gigantescas montañas de problemas y dolores del alma se vuelven pequeños. A la luz de la presencia y la grandeza de Dios nada es imposible en nuestra vida. Nuestras cargas se disipan en su misma presencia. Si nos centramos en las dificultades, el problema aumenta y se intensifica. Cuando centramos nuestra atención en Dios, el problema adquiere la perspectiva que le corresponde y deja de abrumarnos.

Jeremías Denton fue un prisionero de guerra en Vietnam del Norte durante siete años horrendos. Como uno de los cautivos estadounidenses de mayor rango, fue sometido a torturas particularmente dolorosas y pasó casi la totalidad de su cautiverio incomunicado. En esa situación brutal y de total soledad, resulta difícil no centrar la atención en el dolor y el tedio. Sin embargo, Denton no sólo sobrevivió sino que volvió y fue elegido senador norteamericano por Alabama. ¿Cómo sobrevivió? En muchas oportunidades explicó que uno de sus métodos esenciales de supervivencia consistía en citar pasajes de la Biblia. Las Escrituras aprendidas de memoria se convirtieron en la espada invisible que le permitió rechazar las armas más crueles del enemigo. Centrando interiormente su atención en el poder de Dios para sostenerse y fortalecerse, pudo elevarse por encima de la miseria de su solitaria existencia.

Recordar las promesas de Dios

Cuando David siguió meditando en el Señor, le dijo: «Ahora pues, Jehová Dios, tú eres Dios, y tus palabras son verdad, y tú has prometido este bien a tu siervo» (2 Samuel 7.28). Recordó las promesas de Dios en lo tocante a afirmar su nombre y su familia sobre una base imperecedera. Cuando nos arrodillamos o nos sentamos ante el Señor y meditamos en Él resulta beneficioso recordar sus poderosas promesas.

En las Escrituras, el Señor nos ha prometido paz, provisión y protección. Estas promesas son propiedad de cada uno de sus hijos. Cuando meditamos en Dios y recordamos lo que nos promete en su Palabra, nuestra fe aumenta y nuestros temores se disuelven. David entendía esto. Muchas veces, en las cuevas donde se ocultaba de Saúl, cuando lo buscaban entre seis y veinte mil hombres, tranquilamente transfería su atención a Dios. Bajo las estrellas o en las tinieblas de las cuevas, centraba su atención en Dios, aquel que lo había armado para matar a Goliat, aquel que le había dado velocidad corporal y agudeza mental. Recordaba a Dios, quien había hecho posible que eludiera la penetrante punta de la lanza de Saúl. Cuando fijaba su hombre interior en la persona de Dios, sus temores y frustraciones eran aquietados por su presencia.

Hacer un pedido

Cuando estamos sentados ante el Señor, en actitud de meditación, no deberíamos limitarnos a escuchar; también hay lugar para pedir algo. En 2 Samuel 7.29 David hizo este ruego: «Ten ahora a bien bendecir la casa de tu siervo, para que permanezca perpetuamente delante de ti». ¡Qué tremendo ruego! No se limita a pedirle que bendiga a su familia; con audacia le ruega su perpetuo favor. Y Dios contestó su oración.

En una ocasión me encontraba meditando en la Palabra, cuando llegué a Filipenses 4.19: «Mi Dios, pues, suplirá todo lo que os falta conforme a sus riquezas en gloria en Cristo Jesús». Me detuve repentinamente. Comencé a meditar sobre ese versículo. Sin haber pensando previamente sobre este asunto, oré pidiéndole a Dios que proveyese una gran suma de dinero. Ni siquiera tenía un propósito con eso. Me sentí impulsado a pedirlo y esperar que llegara. Pasaron varios días, la carga del pedido se hacía más pesada y me preguntaba constantemente por qué. Sin aviso previo se me presentó una necesidad financiera bastante grande. En cuestión de horas Dios proveyó lo necesario para hacer frente a la necesidad. ¡El Señor me había llevado a pedir aun antes de que yo supiera que tendría esa necesidad! El Señor ya se había ocupado de iniciar los trámites para suplir la necesidad que yo ni siquiera sabía que existía.

Requisitos para la meditación

Si queremos que el tiempo que vamos a dedicar a la meditación resulte provechoso no podemos entrar apresuradamente, anotar dos o tres cosas que queremos pedir en oración, orar rápidamente y luego irnos a comer. Esto no es lo que Dios quiere. Quiere que nos sentemos en su presencia. La meditación no es una ocurrencia espontánea. Es preciso poner en funcionamiento ciertas disciplinas a fin de que recibamos los beneficios plenos de su aplicación. Es preciso tener en cuenta ciertos requisitos si la práctica bíblica de la meditación ha de ser algo más que puro ilusionismo. Estos son los principios que me han ayudado en la meditación personal.

Un período de tiempo

Al pensar en dedicarnos a meditar en el Señor el primer requisito es fijar un período de tiempo. La duración del mismo, sean cinco minutos o una hora, lo determinará el objetivo. Si estamos profundamente preocupados por algún asunto, el período será más largo. Si lo único que queremos es recuperar la serenidad, puede tratarse de unos minutos. El Salmo 62.5 dice: «Alma mía, en Dios solamente reposa, porque de él es mi esperanza».

Cuando le decimos a Dios que no tenemos tiempo para ocuparnos de Él, en realidad estamos diciendo que no tenemos tiempo para disfrutar la vida, para gozarnos, para buscar la paz, para obtener dirección, para conseguir la prosperidad, porque Él es la fuente de todas estas cosas. La esencia de la meditación consiste en un período de tiempo apartado para contemplar al Señor, escuchar su voz y dejar que Él sature nuestro espíritu. Cuando lo hacemos, algo pasa dentro de nosotros que nos proporciona los instrumentos necesarios para llevar a cabo nuestras responsabilidades, ya sea como madre, como oficinista, como secretaria, como mecánico, como carpintero, como abogado. Cualquiera sea nuestra ocupación, el tiempo dedicado a la meditación es el mismo que Dios dedica a equiparnos a fin de prepararnos para la vida.

Es sorprendente lo que Dios puede hacerle al corazón atribulado en un breve período de tiempo cuando la persona entiende el significado de la meditación. Vivimos en un mundo atolondrado que vive a la carrera, y por cierto que su ritmo no va a mermar. De modo que tenemos que hacernos la siguiente pregunta: «¿Cómo voy a mantenerme en esa apresurada carrera y al mismo tiempo oír la voz de Dios?» Estoy convencido que el hombre que ha aprendido a meditar en el Señor podrá correr sobre sus propios pies y caminar en su espíritu. Puede ser que su vocación lo arrastre apresuradamente, pero esa no es la cuestión. Lo importante es saber qué velocidad lleva su espíritu. Para bajar ese ritmo se requiere un período de tiempo.

La lección más importante que los padres pueden enseñarles a sus hijos es la importancia práctica de la oración y la meditación. Al hacerlo les proporcionan una brújula para toda la vida. Cuando los niños aprenden en edad temprana a escuchar a Dios y a obedecerle, y cuando aprenden que Él tiene interés en lo que a ellos les interesa, desarrollan un sentido de seguridad que ningún otro don o regalo puede proporcionarles. Dios está siempre disponible, cualesquiera sean las circunstancias. Estará siempre presente, incluso cuando los padres no lo estén.

Mi esposa y yo solíamos orar, mucho antes de que nacieran nuestros hijos, con estas palabras: «Señor, muéstranos cómo enseñarles a nuestros hijos a orar y a escucharte». Mi corazón se regocija cuando los veo y los oigo practicar esa preciosa lección.

El único modo de enseñarles a sus hijos a dedicar tiempo a estar con el Señor es por medio del ejemplo. Tienen que oírlos orar, entrar y encontrarlos orando, oír cuando comentan la forma en que Dios les está hablando a ustedes. Pronto se darán cuenta de que si Dios escucha las oraciones de la madre y el padre, también escuchará las de ellos. No es posible dejarles a los hijos una herencia más grande que la de padres que oran.

La quietud

Si realmente vamos a meditar acerca del Señor, la clave está en la quietud. Dice el Salmo 46.10: «Estad quietos, y conoced que yo soy Dios». La mejor forma de conocer a Dios es cuando no sólo apartamos tiempo para dedicarlo a Él, sino también cuando aprendemos a estar quietos en su presencia.

La quietud nos lleva al punto donde podemos concentrarnos. Resulta difícil centrar los pensamientos en el Señor corriendo por la autopista o cuando estamos rodeados de amigos ruidosos. Con frecuencia nos perdemos las más preciosas intervenciones de Dios en nuestra vida porque estamos tan distraídos con otras cosas que no podemos ver ni oír lo que nos está queriendo decir. No somos sensibles a su voz. No hemos aprendido a estar quietos en su presencia. Cuando estamos quietos delante del Señor, paulatinamente los elementos de esta vida que compiten se desvanecen. La misericordiosa bondad de Dios, su grandeza y su gracia vienen a nuestra mente y nuestros problemas comienzan a disminuir.

El aislamiento

Marcos escribió acerca de Jesús que: «levantándose muy de mañana, siendo aún muy oscuro, salió y se fue a un lugar desierto, y allí oraba» (Marcos 1.35). Si el Señor Jesús, que era perfecto en cuanto a su relación con el Padre, sentía necesidad de dejar a los doce discípulos que tanto amaba y aislarse delante de Dios, ¿no deberíamos nosotros hacer arreglos para estar a solas también?

Toda persona tiene ocasiones en que necesita estar sola. Es hermoso que los matrimonios se amen el uno al otro y quieran estar juntos, pero hay momentos cuando es necesario que estén separados. Cuando cada cual medita en soledad ante el Señor nada hay que pueda unir más íntimamente a la pareja entre sí.

Dios quiere estar a solas con nosotros porque quiere nuestra atención total y completa. Por ejemplo, supongamos que uno de los cónyuges estuviera siempre rodeado de cuatro o cinco personas las veinticuatro horas del día. No pasaría mucho tiempo sin que el otro se sintiera fastidiado ante el problema. De igual modo, Dios quiere tener un encuentro con cada uno de nosotros en privado, libre de la competencia de otros. A Él le encanta estar a solas con esa persona simple, sencilla y emotiva que es *cada cual*. Quiere tener la posibilidad de rodearnos con sus divinos brazos de amor.

Dios abraza a una persona no a dos a la vez; abraza uno a la vez. Nos ama individualmente, pero a menos que estemos dispuestos a estar a solas con Él, nuestra mente estará siempre dividida. La meditación privada le permite al Señor Jesucristo estar a solas con cada cual. Su trato con cada uno en privado resulta ser con frecuencia el más preciado.

El silencio

Hay ocasiones cuando Dios quiere que estemos sentados en su presencia en silencio. No quiere que seamos nosotros los que siempre hablemos. Como lo expresa Isaías 30:15: «En quietud y en confianza será vuestra fortaleza».

Para algunas personas la meditación se describe mejor como un monólogo. En realidad, no tienen una verdadera relación con Dios porque son ellas las que hablan todo el tiempo. Escuchar cuando Dios habla al corazón es una experiencia majestuosa, una experiencia que esas personas no podrán conocer si monopolizan la conversación ni se detienen a escuchar las respuestas de Dios.

Si nos aquietamos ante Él, Dios puede insertar sus pensamientos dentro de los nuestros. Si guardamos silencio por unos momentos nos puede recordar un pasaje favorito de las Escrituras, revelarnos una verdad deslumbrante o hacer nacer la paz en nuestro ser interior; incluso puede darnos todo esto a la vez. Es preciso que estemos quietos y en silencio en su presencia a fin de que pueda inundarnos con su persona.

El silencio y el aislamiento ante Dios permiten que nos hable al corazón en forma clara, positiva e inequívoca. Aun cuando no lo haga en forma audible, puede conmovernos e impresionarnos vivamente. Sabremos que Dios nos ha hablado. Nos salvó a fin de glorificar a su Hijo, y dio comienzo a una relación con nosotros con el propósito de que lo amáramos y comprendiéramos quién es Él.

El autocontrol

Cuando meditamos podemos tener la sensación de que no pasa nada exteriormente. El hecho de que no podamos detectar cómo obra Dios no significa que no esté actuando. Así como

Pablo tuvo que aprender a controlar su cuerpo (véase 1 Corintios 9.27), todo creyente debería considerar que el autocontrol es una disciplina necesaria.

Al comenzar a meditar es posible que tengamos que esforzarnos mentalmente, en alguna medida, a fin de centrar nuestra atención en Dios. Si esto resultara ser un problema algunas veces podemos recurrir a un salmo y decir: «Señor, me cuesta mucho concentrar la mente en lo que estoy meditando. Quiero sumergirme en este salmo para lograr centrar la atención en ti».

Luego de unos minutos podremos dejar de leer y comenzar a pensar en el Señor. Al hacerlo, dejémonos arrastrar por su grandeza. No hay nada mejor ni más productivo o más reconfortante en la vida que dejarnos llevar por pensamientos maravillosos acerca de un Dios grandioso.

Proverbios 8.34 dice: «Bienaventurado el hombre que me escucha, velando a mis puertas cada día, aguardando a los postes de mis puertas». Notemos la frase *cada día*. Esto significa que el creyente ha de tomar medidas concretas cada día para controlar su mente, su cuerpo y su vida de manera que pueda dedicar tiempo a esperar y a escuchar la voz de Dios.

Hay personas que consideran que ciertas posturas físicas son más adecuadas para la práctica de la meditación. Otras prefieren estar sentadas tranquilamente con las palmas de las manos elevadas hacia el cielo para recibir dones de lo alto. Otras, incluso, optan por arrodillarse o aun yacer postrados en el suelo. Pienso que cada persona tiene que descubrir la postura en la que se siente más cómoda, teniendo en cuenta que a Dios le interesa, sobre todo la posición que adopta nuestro corazón, no el cuerpo.

La sumisión

Dice Santiago: «Humillaos delante del Señor, y Él os exaltará» (Santiago 4.10). Si somos rebeldes en nuestro corazón e insistimos en hacer nuestra propia voluntad no vamos a poder meditar. La rebelión es la antítesis de la sumisión, y si hemos de oír su voz de una manera correcta, nuestra mente y corazón tienen que rendirse por completo ante Él. La actitud de entrega total resulta vital para escuchar lo que Dios tiene para decir.

Cuando nos negamos a resolver el problema que Dios nos ha señalado no perdemos la posición que hemos adquirido ante Él. Seguimos siendo salvos, nuestra relación sigue siendo la misma, pero se quiebra el gozo de su comunión. ¿Nos parece factible que la principal razón por la cual no queremos dedicar más tiempo a estar a solas con Dios es que no deseamos escuchar el tipo de música que nos manda? Es una canción que dice: «Entrégate. Ríndete. Cede. Permíteme amarte al máximo de mi potencial, a fin de que alcances el máximo del tuyo».

Descubramos a continuación las recompensas que vienen de dedicar tiempo a estar a solas con Dios, pensando en Él, adorándolo y alabando su nombre.

Una nueva perspectiva

Cuando meditamos en el Señor vemos las cosas desde una perspectiva diferente. Las cosas que nos preocupan pierden su importancia. Las que nos debilitan Dios las convierte en fortaleza. Nuestros puntos de vista sobre los demás, incluso sobre nuestros enemigos, cambian, porque los vemos desde la perspectiva divina. La forma en que analizamos interiormente los problemas o las situaciones es reemplazada por una perspectiva celestial, porque aprendemos que estamos sentados en lugares celestiales en Cristo Jesús. La meditación nos coloca en una posición en la cual podemos vernos a nosotros mismos a la luz de la verdad divina.

David declaró en el Salmo 36.9: «En tu luz veremos la luz». Cuando dejamos que Dios arroje su luz sobre algún asunto hay algo que nos hace ver claramente la verdad desde su punto de vista. Pablo oró pidiendo que los efesios recibieran «espíritu de sabiduría y de revelación en el conocimiento de él» para que fuesen «alumbrados los ojos de vuestro entendimiento» (Efesios 1.17,18). No podemos vernos a nosotros mismos ni a Dios correctamente sin su reveladora participación.

Las presiones de la vida comienzan a disiparse cuando estamos a solas, en silencio y quietos delante del Señor.

Dios retira el tapón de los tanques a presión de nuestra vida y la ansiedad comienza a derramarse. Cuando por vez primera comenzamos a meditar, nuestros niveles de frustración están llenos casi siempre, pero cuanto más tiempo dediquemos a centrarnos en Él, tanto más se vaciarán de su tensión los depósitos de reserva. La meditación bíblica logra que ocurra algo en nuestro espíritu, en nuestra alma y en nuestro ser emocional, e incluso en nuestro cuerpo humano. El cansancio físico de algún modo se alivia. ¿No es extraño que estemos dispuestos a sentarnos a mirar la televisión tres o cuatro horas por noche, nada más que para relajarnos, cuando el relajador divino puede lograrlo en pocos minutos? El centrar la atención en Dios puede ayudar a los creyentes a dormir, en paz y relajadamente, a pesar de las dificultades del día.

La paz

Jesús dijo: «Mi paz os doy» (véase Juan 14.27). Cristo, quien vive dentro de nosotros, pasa a ocupar el primer lugar en nuestra vida. Se convierte en el todo de todos.

Una actitud positiva

Cuando Dios sustituye las presiones por la paz, una actitud positiva reemplazará a una negativa. No podemos esperar que llegue la mañana para levantarnos a ver lo que Dios va a hacer en nuestra vida. Cuando destinamos tiempo a estar con Dios, nuestro viejo yo egoísta se hace a un lado y deja que florezca y crezca dentro de nosotros el Cristo radiante.

La intimidad personal

Cuando estamos sentados delante del Señor, la experiencia que tenemos es como cuando conocimos a esa persona especial por primera vez. Mientras hablábamos y expresábamos las cosas que había en nuestro corazón, nuestros momentos de gozo y nuestras amarguras, fue creciendo en nosotros un íntimo interés del uno por el otro. Con el paso del tiempo nos dimos cuenta que podríamos vivir con esa persona el resto de la vida. Es lo mismo con Dios. No quiere que pensemos en Él como en alguien distante o indiferente. Por medio del

Espíritu Santo Dios vive en intimidad con cada uno de nosotros. Está instalado en el centro mismo de nuestra vida y desea tener comunión con nosotros a fin de poder derramarse en ella. Pero no lo puede hacer si no dedicamos tiempo a meditar en Él y a aprender quién es Él.

La purificación

Como expresión de su amor y devoción hacia nosotros, con frecuencia Dios pone su dedo en áreas de nuestra vida donde estamos claramente necesitados. Porque nos ama quiere limpiarnos a fin de que seamos llenos de su vida y su gozo.

Ese es el momento en que nos escapamos de sus manos o comenzamos a desarrollar nuestra relación con Él. Cuando estamos dispuestos a sentarnos en su presencia y dejar que escudriñe nuestro corazón, algo ocurre. El Señor poda y elimina de nuestra vida lo que no es puro. Sin embargo, si procuramos explicar nuestros problemas cuando nos los señala dedicaremos cada vez menos tiempo a meditar, porque no queremos que Dios nos hable sobre ese aspecto de nuestra vida.

Si no queremos estar a solas con Dios, es posible que sea porque justamente se está ocupando de los aspectos de nuestra vida que sencillamente, no queremos que se conozcan. Nos resistimos a que nos ame.

Cuando dos personas que viven juntas íntimamente tienen algo que marcha mal en la relación, en realidad no tienen necesidad de mencionarlo. Los dos saben lo que es. Cuando estamos en silencio delante del Señor, que quiere hacer algo en nuestra vida aunque las cosas no están bien, obstaculizamos nuestro crecimiento al no ceder ante Él. Obramos en contra de ese Dios que está de nuestro lado, trabajando por nosotros, alentándonos, edificándonos. De manera que cualquier cosa que trae a nuestra mente es mejor reconocerla, confesarla, arrepentirnos y resolverla. Esta es la única forma de mantener la dulce comunión de la meditación.

La purificación personal progresiva fue uno de los atributos principales que hicieron de David un hombre según el corazón de Dios. Todos sabemos que distaba mucho de ser perfecto. Su prontuario como asesino y adúltero lo eliminaría de cualquier púlpito moderno, y sin embargo Jesús se refirió a sí mismo como «linaje de David» (véase Apocalipsis 22.16). ¿Cómo pudo cometer esas graves iniquidades y no obstante recibir semejante respaldo divino? Creo que fue porque David confesaba y era diligente en arrepentirse cada vez que Dios le señalaba su pecado y lo enfrentaba con él. El Salmo 51 ha servido de conmovedora oración para muchos creyentes que han ofendido a Dios, ya sea consciente o inconscientemente, por cuanto el arrepentimiento de David los ha llevado a desnudar su alma ante el Creador. Cuando equivocadamente contó a los hijos de Israel por medio de un censo, de inmediato admitió su error. «Después que David hubo censado al pueblo, le pesó en su corazón; y dijo David a Jehová: Yo he pecado gravemente por haber hecho esto; mas ahora, oh Jehová, te ruego que quites este pecado de tu siervo, porque yo he hecho muy neciamente» (2 Samuel 24.10). En lugar de huir de la luz escudriñadora de Dios, David se humilló ante el Señor, confesando su transgresión y pidiéndole que lo limpiara.

La pasión por la obediencia

Cuando nos arrodillamos ante Dios y Él derrama su amor en nuestro ser, nos entregamos a Él con toda devoción. El resultado es que Dios pone en nosotros una pasión por la obediencia. Queremos obedecer a Dios. Nadie nos tiene que acicatear. No tenemos necesidad de escuchar sermones que nos hagan obedecerle. La obediencia se vuelve ahora parte de nuestro ser interior.

Podemos estar cansados, abatidos y emocionalmente turbados, pero luego de pasar algún tiempo a solas con Dios, encontramos que nos inyecta energía, poder y fuerzas. Su dinámica espiritual está obrando en nuestro ser interior, renovando nuestra mente y nuestro espíritu y dándonos nuevas fuerzas. Nada se iguala a la meditación en cuanto al impacto que hace en nuestra vida y en la de otros.

El hombre sin educación que sabe meditar en el Señor ha aprendido mucho más que aquel con mucha educación que no sabe meditar. La educación que no se apoya en la meditación está condenada al fracaso. Cuando acordamos dar prioridad en nuestra vida al tiempo dedicado a estar a solas con Cristo, ello influye en todas las facetas de nuestra vida y la afecta. De todas las cosas que Cristo quiere de nosotros, el amarlo y el centrar nuestra atención en Él son las más importantes. Entonces podemos seguirle y recibir todo lo que nos tiene preparado.

Siempre me conmuevo cuando leo un versículo que considero especial en el cuarto capítulo de Hechos. Quisiera describir la situación que conduce al mismo. Llenos del poder del Espíritu Santo, recientemente descubierto, Pedro y Juan vienen efectuando un ministerio poderoso. Miles han sido salvados y muchísimos se han agregado al naciente grupo de cristianos.

Pedro y Juan fueron arrestados por los saduceos y llevados ante Anás, el sumo sacerdote, Caifás, Juan y Alejandro, todos de estirpe sumosacerdotal. Los colocaron directamente en el centro de sus contemporáneos y los interrogaron acerca del carácter de la obra de los discípulos.

¿Podemos imaginar la situación por un momento? Pedro y Juan, dos pescadores altos y rudos, con un mínimo de educación, estaban en pie en una sala llena de dirigentes religiosos, altamente instruidos y capaces, de mucha influencia.

El resultado del enfrentamiento es escalofriante. De inmediato Pedro tomó la ofensiva, empujando a los saduceos al proverbial rincón. Atacó con poder y gran persuasión. Sus oyentes estaban asombrados. Lucas registró su sorpresa en el poderoso lenguaje de Hechos 4.13: «Entonces viendo el denuedo de Pedro y de Juan, y sabiendo que eran hombres sin letras y del vulgo, se maravillaban; y les reconocían que habían estado con Jesús».

Si bien los líderes se refirieron a la asociación de los dos hombres con Jesús, el principio se mantiene para nosotros en el día de hoy. El tiempo destinado a estar con Jesús —meditando en su Palabra y en su majestad, buscando su rostro— determina nuestra utilidad en el reino. La meditación es simplemente cuestión de dedicar nuestro tiempo a disfrutar de una rica comunión con nuestro Señor y Salvador personal. ¿Se da cuenta la gente de que «hemos estado con Jesús»?

CAPÍTULO VIII

Nuestra actitud mental ante lo espiritual

Juan y Santiago se sientan juntos en el culto de la iglesia los domingos y escuchan el mismo mensaje. Juan va madurando en su fe y aprendiendo a andar en el Espíritu. Su vida es útil y productiva. Mientras tanto Santiago no crece; no expresa su fe a otros ni produce. ¿Cómo se explica esta paradoja?

¿Cómo puede ser que el esposo y la esposa se sienten en el mismo lugar durante el culto, pero mientras uno crece el otro se quede estancado? ¿Cómo es posible que dos estudiantes escuchen un mismo mensaje o programa radiofónico, o lean el mismo libro, pero mientras uno sale entusiasmado el otro no se conmueve en absoluto?

¿Podría ser que la actitud conque nos acerquemos a Dios determine nuestra reacción? ¿Podría ser que con frecuencia estemos mental y espiritualmente prejuiciados para seleccionar lo que queremos escuchar e ignorar (con el riesgo consiguiente) lo que necesitamos escuchar?

En uno de sus poemas, Ella Wheeler Wilcox se expresa así:

Un barco navega hacia el este y otro hacia el oeste
Con el soplo de idénticos vientos.
Es la disposición de las velas
Y no las galernas lo que nos indica el curso que llevan.

Estoy convencido de que nuestra actitud mental ante lo espiritual, cuando oímos y hacemos nuestras las verdades de las Escrituras, afecta grandemente la forma en que escuchamos a Dios. En Mateo 13.1-9, Jesús relata una parábola familiar que ilustra claramente cuatro tipos diferentes de oyentes espirituales, cada uno de los cuales escuchó la Palabra por medio de dones espirituales distintos.

Aquel día salió Jesús de la casa y se sentó junto al mar. Y se le juntó mucha gente; y entrando Él en la barca, se sentó, y toda la gente estaba en la playa. Y les habló muchas cosas por parábolas, diciendo: He aquí, el sembrador salió a sembrar. Y mientras sembraba, parte de la semilla cayó junto al camino; y vinieron las aves y la comieron. Parte cayó en pedregales, donde no había mucha tierra; y brotó pronto, porque no tenía profundidad de tierra; pero salido el sol, se quemó; y porque no tenía raíz, se secó. Y parte cayó entre espinos; y los espinos crecieron, y la ahogaron. Pero parte cayó en buena tierra, y dio fruto, cual a ciento, cual a sesenta, y cual a treinta por uno. El que tiene oídos para oír, oiga.

El tipo de siembra que pinta Jesús en esta parábola comprendía una franja muy estrecha de tierra de la que se habían eliminado las piedras y los espinos. A su lado había senderos para burros y peatones. La gente esparcía la semilla mientras caminaba, tal como haríamos nosotros en nuestros patios. A veces ponían un saco de semillas sobre un burro, hacían un agujero en el saco, caminaban por el campo, y dejaban que fuesen cayendo. En algunas ocasiones el viento arrastraba parte de las semillas hacia el terreno no preparado, o el animal las dejaba caer en cualquier parte al cruzar el sendero endurecido a lo largo de las hileras.

Una mente cerrada

En el versículo 4, Jesús dijo: «Parte de la semilla cayó junto al camino; y vinieron las aves y la comieron». La interpretación del propio Jesús se encuentra en el versículo 19: «Cuando alguno oye la palabra del reino y no la entiende, viene el malo, y arrebata lo que fue sembrado en su corazón. Este es el que fue sembrado junto al camino».

El primer tipo de oyente es el que tiene la mente limitada. Esto no se refiere únicamente al incrédulo, porque el creyente también puede entrar en esta categoría. Podríamos estar hablando sobre una persona que concurre regularmente a los cultos de la iglesia, o que escucha con frecuencia programas evangélicos en la televisión o por radio. La persona con la mente cerrada es la que decide qué es lo que va a oír y qué es lo que no va a oír. Cierra su mente a todo lo que le exige algo que ha decidido no dar.

Tales personas se sientan y escuchan en forma pasiva. Han escuchado cientos de sermones pero no tienen la menor intención de utilizar lo que se dijo, ni modificar su comportamiento. Tienen la mente cerrada porque han escuchado la verdad muchas veces sin responder; se trata de una posición peligrosa.

Su corazón se ha endurecido porque se vuelven pasivos al escuchar, sin tomar la iniciativa para responder. Cuando estas personas oyen el mensaje, ocurre como la semilla que cae sobre la superficie dura, que no tiene la posibilidad de germinar. Allí queda para que la pisoteen los animales y los que pasan, cocida por el sol hasta que se seca.

Los oyentes pasivos prestan atención hasta un cierto punto pero luego eluden los compromisos. Cuando se requiere su obediencia total y absoluta, su mente se cierra de golpe como una puerta frente a un fuerte viento. Miles de creyentes, literalmente, van a los cultos con una actitud mental terca semejante a esto. Incluso antes de llegar ya han fijado los límites que van a aceptar en cuanto a la verdad. Están dispuestos a escuchar siempre que lo que oigan no se vuelva demasiado personal. Cuando las exigencias en cuanto a compromiso con el señorío de Cristo se ponen demasiado rigurosas se vuelven insensibles, porque han oído la verdad con tanta frecuencia sin la intención de obedecer. Cuando esto ocurre, Satanás se presenta y roba la verdad. Si no toman la iniciativa de aplicar la verdad que han escuchado, Satanás se ocupará de robársela todas las veces, privando su vida de sus beneficios.

Después de todo, ¿por qué les permite Dios que sigan oyendo una verdad tras otra cuando no van a hacer nada para utilizarla? La costumbre de escuchar pasivamente las Escrituras, la Palabra eterna del Dios vivo, es un pecado que se comete contra Él. Determinar arbitrariamente las áreas de su vida donde Él puede actuar es negar su señorío.

Lamentablemente, cuando se les derrumba la pared y claman a un Dios al que se han negado a escuchar durante años, tienen grandes problemas para comunicarse con Él. No es porque Dios no haya estado escuchando todos esos años; se debe a las callosidades de sus espíritus.

En realidad es mejor no escuchar nunca la Palabra de Dios que asistir a los cultos y escuchar en forma pasiva, entregados a una mente cerrada. Dios quiere tocar todos los aspectos de nuestra vida, nos guste o no; quiere ocuparse de los aspectos más insignificantes de nuestra existencia. Las personas que actúan como necias son las que escuchan insensiblemente la verdad. No se vuelven insensibles por negarse a escuchar a Dios o por discutir con Dios; se vuelven insensibles al escuchar y *no responder*.

Durante un buen número de meses testifiqué al administrador de una universidad cercana. Algunas veces asistía al servicio matutino los domingos, pero siempre se burlaba de cualquier cosa de carácter milagroso o sobrenatural. Tenía la mente cerrada. Asistía sólo para agradar a su esposa.

Un domingo por la tarde este hombre había invitado gente a su casa a comer en el jardín. Un chaparrón repentino obligó a todos a entrar a la casa apresuradamente para escapar de la lluvia. Él fue el último en correr a protegerse. Con las manos llenas y el cuerpo empapado, corrió hacia la puerta corrediza de vidrio sin darse cuenta de que la persona que había entrado antes que él la había cerrado. Se estrelló contra el vidrio. En cuestión de segundos yacía en un charco de sangre.

Cuando lo visité por segunda vez en el hospital me dijo: «He estado pensando en lo que usted ha tratado de decirme. Creo que ahora estoy preparado para escuchar». Fue necesario que ocurriera algo casi trágico para que estuviera dispuesto a escuchar, pero lo hizo. Recibió la salvación y se convirtió en un valiente testigo del Señor.

Hay una multitud de personas que se sientan y escuchan, que leen el evangelio todas las semanas, pero que jamás piensan en lo que se les presenta. Jamás lo someten a análisis, comparándolo con la vida que viven. Jamás lo aplican. Tienen la mente cerrada.

Una mente embotada

En los versículos 5 y 6 de la parábola Jesús describe un segundo tipo de oyente: «Parte cayó en pedregales, donde no había mucha tierra; y brotó pronto, porque no tenía profundidad de tierra; pero salido el sol, se quemó; y porque no tenía raíz, se secó». En los versículos 20 y 21 Jesús interpretó la analogía: «Y el que fue sembrado en pedregales, este es el que oye la palabra, y al momento la recibe con gozo; pero no tiene raíz en sí, sino que es de corta duración, pues al venir la aflicción o la persecución por causa de la palabra, luego tropieza».

Aun cuando los granjeros palestinos preparaban un sector de sus tierras para sembrar, sólo había una fina capa de tierra sobre la parte rocosa, de modo que la semilla tenía poca tierra en la cual echar raíces. Cuando brotaba la planta, el fuerte sol la secaba casi de inmediato. En esta sección de la parábola tenemos el cuadro del oyente que tiene la mente embotada. Los oyentes de mente embotada escuchan la Palabra de Dios y se entusiasman. Confían en el Señor Jesucristo como su Salvador. Habiendo sido salvos no hacen sino alabar al Señor y disfrutar la gran emoción. El problema está en que no dedican tiempo a estudiar las Escrituras y a profundizar sus raíces en la Palabra de Dios a fin de obtener un fundamento firme; no se atan a nada. No tienen ninguna base doctrinal. Cuando llegan las tormentas y el calor, fracasan.

Esto explica que pueda haber personas que han sido cristianas durante bastante tiempo pero que se vienen abajo cuando se presenta una crisis. Se desarman por completo. Exclaman «¡Aleluya!» hasta que se presenta alguna dificultad que los destruye. ¿Por qué? Porque tienen la mente vacía, a la vez que se encuentran envueltos en confusión, turbación e incredulidad. La falta de ejercicio espiritual les ha debilitado el espíritu y la mente y no pueden reaccionar con urgencia ante el problema.

Una cosa es tener una experiencia, pero si no sabemos cuál es el fundamento en que se basa, estamos encaminados al desastre. Hemos de renovar de manera constante la mente y afirmarnos en la Palabra de Dios. Deberíamos estar dispuestos a examinarnos a nosotros mismos a fin de ver si en realidad sabemos *por qué* creemos lo que creemos. Deberíamos poder decirles a otros por qué creemos en el perdón de pecados, por qué no le tenemos miedo a la muerte, cómo va a resucitar nuestro cuerpo o lo que significa ser justificado, redimido, santificado y reconciliado. Echar raíces significa meternos profundamente en la Palabra a fin de descubrir su firmeza.

Si nuestros nombres están anotados en el Libro de la vida del Cordero y tenemos la esperanza de evitar todas las aflicciones de esta vida hasta que lleguemos al cielo, vamos a tener serios problemas. Los creyentes tienen que ser sometidos a prueba en los fuegos de la aflicción. Cuando no estamos arraigados en la verdad sencillamente no podemos resistir el calor del fuego.

El vacilante mundo del adolescente es un buen ejemplo de una mente embotada. Un día lucha para actuar como un adulto maduro y al día siguiente cae en un comportamiento obviamente juvenil. Se inclina a diestra y siniestra como un árbol sometido al viento.

Tales personas son susceptibles de caer en manos de los cultos extraños que les salen al encuentro porque no están firmemente atrincherados en el conocimiento de la Palabra de Dios. Son excelentes blancos para cualquiera que pasa con lo último, porque siempre buscan nuevas experiencias. No están satisfechos con Jesús porque no lo conocen. Si se tomaran el trabajo de profundizar en la Palabra de Dios descubrirían lo apasionante que es el Señor Jesús.

Jesucristo no es una emoción temporaria, momentánea. ¡Él es la vida! Si el individuo se satisface con ser salvo y se queda con la mente embotada, sin saber lo que en verdad cree, por qué cree o a *quién* ha creído, es un pobre oyente. El oyente de mente embotada no tiene ninguna intención verdadera de investigar la Palabra ni de crecer. Sólo le gusta tener la seguridad de que va a eludir el infierno e ir al cielo. La mayoría de los creyentes hemos escuchado incontables sermones, pero ¿cuánto recordamos de ellos? ¿Escuchamos con la mente embotada o escuchamos para que Dios agregue alguna verdad significativa a nuestra vida? El oyente de mente embotada corre el riesgo de transmitir una fe defectuosa a sus vástagos, aun cuando no lo haga intencionalmente. Su estabilidad en la Palabra se transmite mediante el ejemplo a hijos susceptibles de ser impresionados, los que nunca aprenden cómo afirmarse adecuadamente en las Escrituras o en la fe. Como resultado, sus hijos son blancos fáciles para engañadores con pico de oro que minan su débil fundamento bíblico con lo que parecen argumentos convincentes.

El padre que constantemente analiza las verdades oídas en el culto, en los grupos de estudio bíblico o en su momento devocional personal, estimula a su familia a arraigarse profundamente en la Palabra. El padre que persistentemente procura enseñar a sus hijos cómo utilizar la Palabra de Dios les proporciona una estructura básica que aguantará las tormentas extremas de la duda y el escepticismo.

Una mente confundida

La tercera categoría de oyente es la que describe Jesús en el versículo 7: «Y parte cayó en espinos; y los espinos crecieron, y la ahogaron». La explicación de Jesús se encuentra en el versículo 22: «El que fue sembrado entre espinos, este es el que oye la palabra, pero el afán de este siglo y el engaño de las riquezas ahogan la palabra, y se hace infructuosa».

Esta persona tiene una mente confundida. Concurre al culto de la iglesia o al estudio bíblico y mientras se explica la Palabra, mentalmente se hace toda clase de preguntas: ¿Apagué el horno? ¿Qué tengo que hacer mañana? ¿Qué puedo hacer para aumentar las ventas esta semana? ¿Me aumentarán el sueldo?

La mente confundida está llena de cosas de ayer, de hoy y de mañana; llena de cosas, de gente, de dinero, de negocios y de la escuela. Tremendos espinos de preocupaciones terrenas sofocan la Palabra de Dios. Satanás bombardea nuestra mente con tantas cosas que ya no hay lugar para Dios. Se hace difícil que nos hable al corazón cuando nuestra mente está tan confusamente llena con otras cosas.

¿Alguna vez se ha sentado el lector ante el televisor, o ha escuchado un programa radiofónico o una cinta grabada, teniendo la mente puesta en la Palabra de Dios al mismo tiempo? Antes de que pudiera darse cuenta quizás estaba soñando con las vacaciones de verano. ¿Alguna vez se ha propuesto encontrarse con el Señor para celebrar un momento devocional, y descubrió que su mente zumbaba con pensamientos sobre los negocios, la casa o los hijos? Si bien es natural y normal pensar en estas cosas, Satanás hace todo lo que puede para alejar nuestra mente de la importante tarea entre manos, es decir, de escuchar lo que Dios tiene que decirnos. Esa es la razón por la cual resulta tan importante que nuestro corazón esté preparado, a fin de no perder las verdades importantes que Dios desea expresarnos.

El mejor paso que se puede dar en este caso consiste en volver rápidamente la atención hacia Dios y cambiar de marcha en alguna medida. Si estábamos orando, abrir la Biblia en los Salmos y comenzar a leer. Si sentimos pesadez en los ojos y en la mente leyendo las Escrituras, cerremos la Biblia por unos minutos y alabemos conscientemente a Dios.

Una de las mejores maneras que conozco de quebrar los lazos de una mente divagante es alabar a Dios mediante acciones de gracias y mediante el reconocimiento de su carácter y sus atributos. David dijo que Dios habita entre las alabanzas de su pueblo (véase Salmo 22.3). Cuando alabamos a Dios lo sentimos cálidamente cercano a nuestro corazón. Cantar himnos en voz alta sirve también como buen instrumento para ahuyentar al demonio de la distracción.

La información más valiosa que jamás se haya encerrado entre dos tapas se encuentra en la Biblia. La persona que se niega a centrar la atención durante un período de tiempo en esas magníficas verdades debe tener algún defecto en su modo de pensar.

Una mente comprometida

Jesús esbozó un cuarto tipo de oyente en el versículo 8: «Pero parte cayó en buena tierra, y dio fruto, cual a ciento, cual a sesenta, y cual a treinta por uno». Lo explica luego en el versículo 23: «Mas el que fue sembrado en buena tierra, este es el que oye y entiende la palabra, y da fruto; y produce a ciento, a sesenta, y a treinta por uno». Aquí se pinta la mente comprometida como tierra fértil. Ha sido cultivada y está lista para que la semilla penetre. La tierra puede albergar la semilla, cubrirla, proveerle el calor y la humedad necesarios para que germine y dé fruto. La mente comprometida es la que acepta la enseñanza. Dios puede instruir a ese hombre o a esa mujer en todo lo necesario. El intelecto más fino del mundo que no acepta la enseñanza desaprovechará las grandes verdades de Dios.

La mente del niño es un ejemplo maravilloso del espíritu dispuesto a aprender. Los niños creen con el corazón abierto y receptivo. Son sensibles y quieren aprender.

Si bien los adultos tienen toda clase de escepticismos, de dudas y de problemas emocionales, ciertos principios pueden ayudar a cultivar el suelo fértil que describe Jesús. Primero, tenemos que comprometernos *a escuchar atentamente su mensaje* por medio de nuestro pastor, de un amigo, de un libro, de un programa televisado o radiofónico, o por medio de un grupo de estudio bíblico.

Segundo, debemos comprometernos por fe *a resistir las cosas externas que estorban.* Cuando nos asaltan pensamientos aislados debemos negarnos conscientemente a prestarles atención, y pedirle al Señor que nos ayude a concentrarnos en su Palabra. Esto sólo puede hacerse mediante la fe en el Señor Jesucristo, porque Él es el que hace posible que recibamos la Palabra con claridad.

Tercero, debemos comprometernos *a evaluar nuestra vida* a la luz de lo que oímos. Debemos tomar la iniciativa de analizar las verdades que se nos presentan. Cuarto, debemos comprometernos *a aplicar las verdades que Dios nos imprime en nuestro corazón.* Si no lo hacemos, Satanás se ocupará de quitárnoslas rápidamente. Quinto, debemos comprometernos *a obedecer aquellas verdades* que Dios nos ha inculcado. Cuando obedecemos esas verdades inculcadas, crecemos y nos convertimos en creyentes productivos que llevan fruto. Si no lo hacemos podemos concurrir a los cultos cincuenta y dos domingos al año y seguir siendo niños espirituales, tal como lo éramos al comenzar. La predicación y el poder de la Palabra no han hecho ningún impacto en nuestra vida porque no hemos obedecido.

Resulta espiritualmente imposible aplicar la Palabra semana tras semana y seguir igual. Como oyentes con mente comprometida nos volvemos productivos, hijos de Dios que maduran.

La actitud mental fructífera comienza con la semilla de una mente comprometida, que florece y produce un discípulo productivo que oye y obedece a Dios con poder y claridad. Su huerta se caracteriza por su fertilidad.

Como lo declaró el salmista en el Salmo 84.5: «Bienaventurado el hombre que tiene en ti sus fuerzas, en cuyo corazón están tus caminos».

Dios anhela apoyar no a la mente cerrada, la mente embotada o la mente confundida, sino a la *mente comprometida*, la mente de la persona «que está firme en su corazón» (véase 1 Corintios 7.37).

CAPÍTULO IX

Impedimentos para escuchar

A través de las edades, muchos cristianos sinceros han intentado escuchar a Dios. Por lo general, después de varias sesiones silenciosas y penosas, abandonan los intentos, afirmando que Dios no tiene nada que decirles o que ellos, sencillamente, no saben cómo escuchar su voz. Sabemos que tenemos un Padre que se ocupa de nosotros, que está más que dispuesto a comunicarse, y queremos que nos hable. ¿En qué radica, entonces, el problema?

Creo que el problema está del lado nuestro, en que con frecuencia hemos acumulado (a veces inconscientemente) impedimentos espirituales que hacen que no podamos oír con claridad lo que el Señor quiere decirnos.

Por lo menos diez factores contribuyen a crear grandes barreras entre nosotros y la voz de Dios. Cuando nos demos cuenta de cuáles son, podremos discernir por qué. Cuando procuramos con sinceridad percibir lo que Dios está diciendo, a veces tenemos la sensación de que bien podríamos estar en un recinto a prueba de sonidos, donde sólo nuestra propia voz reverbera.

1. No conocemos a Dios

En su libro *Conocer de Dios*, J. I. Packer comenta:

Necesitamos enfrentarnos francamente con nuestra propia realidad. Quizá seamos evangélicos ortodoxos. Estamos en condiciones de declarar el evangelio con claridad, y podemos detectar la mala doctrina a un kilómetro de distancia. Si alguien nos pregunta cómo pueden los hombres conocer a Dios, podemos de inmediato proporcionarle la fórmula correcta: que llegamos a conocer a Dios por mérito de Jesucristo el Señor. Mas la alegría genuina, la bondad, el espíritu libre, que son las marcas de los que han conocido a Dios, raramente se manifiestan en nosotros; menos, tal vez, que en algunos otros círculos cristianos donde, por comparación, la verdad evangélica se conoce en forma menos clara y completa. Aquí también parecería ser que los últimos pueden llegar a ser los primeros, y los primeros postreros. El conocer limitadamente a Dios tiene más valor que poseer un gran conocimiento acerca de Él.

Muchos creyentes conocen a Cristo como Salvador, pero no han avanzado en el conocimiento de sus caminos y su carácter. Si sólo lo conocemos como Salvador, Dios no puede decirnos ciertas cosas, simplemente porque no sabemos cómo opera Él. Cuanto más entendamos quién es Dios, tanto más podrá hablarnos.

Es por ello que es tan urgente que estudiemos la Palabra de Dios a diario. Al hacerlo ofrecemos a Dios un campo fértil en el cual trabajar y hablarnos al corazón. Algunos cristianos saben tan poco acerca de Dios que apenas podrían llenar un lado de una hoja de tamaño carta. Han oído muchísimas conversaciones, han escuchado muchísimos sermones, han leído muchísimos libros, pero sencillamente no conocen a Dios en persona.

2. Una pobre autoimagen

¡Cuántas veces hemos escuchado a alguien decir: «¿Por qué habría de querer hablarme Dios a *mí*? Yo no soy predicador ni estoy dedicado al servicio cristiano a tiempo completo! ¿Qué razón podría tener para querer comunicarse conmigo?»

La verdad es que somos salvos, somos santos, hemos sido santificados, somos hijos del Dios viviente. Es natural que los padres quieran hablar con sus hijos; es natural que los padres quieran que sus hijos los escuchen. Es lamentable que, con frecuencia nos veamos a nosotros mismos desfavorablemente, cuando esto ocurre nos preguntamos por qué un Dios grande y majestuoso querría hablarnos. En un caso así, Dios podría gritar y aun así no oírlo.

Tenemos que vernos como nos ve Dios, es decir, cómo hijos que necesitan que Él les hable, que necesitan escuchar, que necesitan orientación todos los días para vivir. Si tenemos una imagen pobre de nosotros mismos, y dudamos que el Dios que creó los cielos y la tierra quiera entablar un diálogo significativo con nosotros, criaturas insignificantes, entonces la comunicación ha de ser mínima en el mejor de los casos. El pordiosero que deambula por las calles de la capital de la nación probablemente tendría poco que decir en una entrevista con el presidente; pero si al presidente lo visitara su hijo, entonces se entablaría una agradable conversación. Todo depende de la relación. Tenemos que recordar que somos hijos de Dios y que nuestro Padre busca la forma de hablar con nosotros.

El Salmo 139 es un maravilloso comentario sobre el conocimiento perfecto que de nosotros tiene el Padre, y sobre su abundante amor para con nosotros, tal como somos. Él conoce nuestra estructura mental. Nuestras debilidades. Nuestras más íntimas penas, temores y frustraciones; y, sin embargo, anhela tener comunión íntima con nosotros. Son justamente estos vasos de barro dañados los que Jesús ha elegido para depositar en ellos su incomparable presencia. Él se encuentra a gusto en estas tiendas terrenales. No hay motivos para estar tensos sino relajados a fin de disfrutar su compañía, sabiendo que murió por nosotros cuando todavía éramos pecadores perdidos y sin esperanza, y que Él nos ha aceptado en forma permanente en el seno de su familia (con todo nuestro indeseable equipaje). Somos suyos completa y totalmente.

3. Un falso sentimiento de culpa

Hay dos tipos de culpa. Uno es la *culpa verdadera*, vale decir, la que nace de haber pecado contra Dios; somos responsables por la situación creada y tenemos que resolverla. El segundo es la *culpa falsa*, que Satanás nos endilga; esto ocurre cuando el diablo nos acusa de no estar a la altura de lo que Dios quiere.

Muchas son las personas que viven innumerables años bajo esta engañosa sensación de culpa. Piensan que no pueden llegar nunca a ser realmente aceptados por Dios; creen que nunca lograrán estar a su altura y que jamás lo agradarán; piensan que nunca llegarán a ser todo lo que Él quiere que sean. A estas personas les resulta difícil oír a Dios, porque Satanás no deja de acusarlas, diciendo: «¿Crees que Dios te va a hablar a *ti*? Mira lo que has hecho en el pasado. ¿Piensas que va a pasar por alto todo eso?» Todo lo que oyen les llega a través del marco preprogramado de sus sentimientos de culpa.

Se trata del engaño del diablo porque Dios nos ha perdonado, y cuando hemos sido perdonados queda todo arreglado. Los individuos cuyo corazón vive hostigado por un sentido de culpabilidad son aquellos cuyas oraciones se centran fundamentalmente en sí mismos, porque están muy preocupados por lo que hay de malo en ellos y por la forma de resolverlo. Cuando tenemos esos sentimientos de condenación divina apenas si nos atrevemos a escuchar, porque ya no aguantamos que nos sigan juzgando.

Después de un culto vespertino, una mujer de edad tomó mi mano entre las suyas, me miró a los ojos y me puso al tanto brevemente sobre su peregrinaje espiritual. Comenzó agradeciéndome por haberle mostrado una verdad que había ignorado durante sus cincuenta y cinco años de vida cristiana. Me dijo que a lo largo de toda su vida se había sentido indigna y culpable, con la sensación de que desagradaba a Dios. Había confesado sus pecados, se había arrepentido y había reconsagrado su vida vez tras vez; pero la misma nube de culpabilidad pendía sobre su cabeza dondequiera que iba.

Un domingo por la mañana vio nuestro programa de televisión denominado *In Touch* [En contacto]. Yo había preparado una serie de predicaciones titulada «Cómo lograr que la verdad te haga libre», y expliqué la diferencia entre la culpa verdadera y la falsa. Me dijo ella: «De repente lo vi. Por primera vez entendí lo que Dios había hecho en la cruz con mi sensación de culpa». Sus ojos brillaban y su rostro se iluminó, y dijo: «Ese domingo me vi libre de cincuenta y cinco largos años de una carga que Dios nunca quiso que llevara, porque Él la había llevado por mí dos mil años antes en la cruz». ¡Esa mujer quedó libre!

4. La manía de estar atareados

Es imposible vivir en el mundo de hoy sin estar ocupados. Todos tenemos horarios que cumplir, problemas que resolver, gente con la cual relacionarnos en forma permanente. De modo que, cuando me refiero a *la manía de estar siempre atareados*, no estoy hablando de eludir las responsabilidades en el trabajo o en la casa.

Si andamos en el Espíritu, hemos aprendido a cumplir las funciones inherentes a nuestro trabajo y a la familia, al tiempo que establecemos comunión con nuestro Padre celestial. No podemos separar lo espiritual de lo secular porque Dios mora en nuestra vida; Él está en el centro de todo lo que hacemos y decimos. No obstante, es fácil, en medio de todas las voces clamorosas de nuestra sociedad, pasar por alto la voz apacible y delicada de Dios. Hemos de tener cuidado de mantenernos sensibles a su presencia.

Podemos llegar al final de un día febril habiendo caminado con Él, vivido en su presencia y sentir perfecta paz. Sin embargo, en aquellos días cuando Dios parece haberse ocultado en algún rincón remoto, nos sentimos fatigados y abatidos. Aprender a escuchar a Dios en medio de una gran confusión es un maravilloso fortificante y relajante.

Solía trabajar en una sección de una fábrica de textiles que se encontraba cerca de una blanqueadora al vapor, cuya temperatura era casi siempre superior a los cuarenta grados centígrados. No aguantaba más de veinte minutos, sin empaparme por completo. Además, por todas partes se oían las ensordecedoras convulsiones de la maquinaria. Al cabo de una semana me di cuenta de que era un sonido dulce, porque ahogaba todo lo que no fuera la voz de Dios. Podía permanecer ocho horas diarias allí, hablando en voz alta con Él.

Por supuesto que podría haber dejado que ese constante retumbar silenciara totalmente a Dios, pero no lo hice. El estar ocupados puede servir de excusa o de impedimento para escucharlo, pero no es preciso que sea así, si aprendemos a estar en su compañía.

5. La incredulidad

Muchas personas no creen plenamente que Dios habla

hoy. Si pensamos que sólo por medio de las Escrituras obtenemos guía para la vida cristiana, entonces hemos de perder buena parte de lo que Dios quiere darnos, porque con mucha frecuencia nos habla por medio del Espíritu, de las circunstancias y de otras personas. Debemos estar absolutamente seguros de que estamos plenamente convencidos y persuadidos de que *Dios realmente nos habla personalmente acerca de nuestra familia, nuestro negocio, nuestras finanzas, nuestros pesares, nuestras frustraciones, nuestros temores.*

Dios no se limita a hablar con una pequeña élite. Estamos todos en la misma categoría cuando se trata de que Él nos hable y nosotros escuchemos. Dios trata a todos sus hijos por igual.

6. Enojo divinamente dirigido

¿Podemos en realidad escuchar a otra persona cuando estamos enojados o resentidos con ella, cuando sentimos amargura u hostilidad hacia ella? No creo que podamos. Durante mis casi tres décadas de ministerio me he encontrado con personas que, clara y sencillamente, tienen sentimientos de ira con Dios.

Quizá hayan perdido al cónyuge, o un hijo murió en la flor de la vida, o las finanzas se vinieron abajo. Cualquiera haya sido el caso, no entienden por qué Dios lo permitió; de modo que están enojados con Él. Cuando oran, parecen estar recordando constantemente esos amargos momentos y, en consecuencia, expresan su ira. Quieren culpar a Dios de sus problemas. Oran y repentinamente descubren que de sus labios brota la hostilidad hacia Dios. Pero Él se niega a tomar represalias. Entiende nuestro enojo; pero es preciso que nos demos cuenta que nuestra ira obtura nuestros oídos espirituales. Las emociones descontroladas hacen que resulte imposible recibir mensajes de parte del Señor.

Esas manifestaciones emocionales son, con frecuencia, una reacción natural ante las tragedias, que generan enormes olas de hostilidad hacia Dios o hacia otros. He sido testigo de muchas familias que han soportado situaciones así, pero que supieron asirse con tenacidad a Cristo hasta que la tormenta amainó. Al final llegó el momento de calma cuando pudieron volver a hablar con Dios con tranquilidad y recobrar el gozo de oír su misericordiosa respuesta.

7. Ocultar el pecado

Ocultar un pecado no es lo mismo que *cometerlo*. Ocultar un pecado significa saber que existe en nuestra vida, que Dios ha puesto el dedo en el mismo, y que, sin embargo, no nos ocuparemos de resolver el problema. Ocultar el pecado es como la estática en la radiodifusión. Oímos débilmente la voz de Dios, pero no entendemos lo que dice.

Cuando hemos orado con persistencia con relación a algún problema y Dios se mantiene silencioso, es preciso que nos analicemos para ver si hay pecado oculto. Incluso podemos no tener conciencia de que lo estamos escondiendo. Es por ello que lo único que puede dar resultado es un cuidadoso examen. Cuando Dios nos hace ver algún pecado en particular, y respondemos negativamente, no creo que nos vuelva a decir algo hasta que hayamos obedecido la orden anterior. ¿Por qué habría de seguir hablándonos si no pensamos obedecer? Ocultar el pecado nubla nuestra visión, divide la mente y tapona los oídos.

En una de las iglesias en que fui pastor hicimos una campaña para saldar una deuda bastante grande sobre la que estaba pagando intereses muy altos. Elegí a dos líderes para que dirigieran la campaña a fin de que pudiéramos saldar la deuda en pocas semanas. Habían sido amigos durante muchos años. Ambos ayudaron a comenzar la iglesia y colaboraron en diversos aspectos de nuestras actividades.

Hubo que tomar una decisión en la que ellos no se ponían de acuerdo. Cuando la iglesia votó a favor de la posición de uno, el otro inmediatamente se enojó y se volvió hostil y amargado; dejó de concurrir a los cultos y arrastró a su familia consigo. ¡Y todo ese resentimiento estaba dirigido hacia su mejor amigo!

Se negó a escuchar los ruegos para que se reconciliaran. Pude ver las desalentadoras consecuencias de su creciente amargura. En menos de un año su negocio estaba prácticamente en bancarrota. Tuvo un ataque al corazón. Se aisló de la gente. Su hijo se rebeló. Su esposa amenazó con abandonarlo. Y sin embargo ninguna de estas circunstancias tuvieron efecto alguno en él. A los pocos años murió derrotado y arruinado. No fue capaz de superar su amargura, su espíritu no perdonador.

8. Un espíritu rebelde

La persona rebelde puede querer orar pero no oír. Dios le habla al de corazón rebelde para que se arrepienta de su pecado, pero si no hay ningún cambio, se niega a hablarle sobre otros asuntos. La rebeldía obstaculiza la penetrante voz de Dios. La rebeldía no es lo mismo que la renuencia. Dios entiende que titubeemos a veces, como ocurrió cuando habló con Moisés. Cuando Dios lo llamó básicamente le respondió que se había equivocado en la elección de la persona. Después de todo, él había estado dedicado a cuidar ovejas durante cuarenta años, y Dios quería que volviera a Faraón y sacara a dos millones y medio de personas de la esclavitud en Egipto. ¡Seguramente también nos hubiéramos resistido! Como Moisés, le podemos decir a Dios que no nos gusta lo que nos está diciendo; pero rebelarnos en contra de sus instrucciones es otra cosa.

Como pastor en el estado de Florida hace algunos años sentí que el Señor me llamaba a Atlanta. El problema era que no quería ir. Me gustaba la Florida. Me gustaba la playa. No había mucho tránsito, y a una cuadra de distancia de mi casa había tres o cuatro lagos para ir de pesca. Así que le dije al Señor: «Señor, quiero quedarme donde estoy». (No tiene sentido tratar de ocultarle algo a Dios, porque Él sabe cómo nos sentimos de todos modos.) Después de analizar mi aversión inicial descubrí que Atlanta era exactamente el lugar donde debía estar. No me entusiasmaba la idea de trasladarme, pero no estaba en actitud de rebeldía. La rebeldía equivale a decirle a Dios que nos negamos a hacer lo que Él quiere que hagamos. Dios puede actuar ante nuestra renuencia cambiando nuestros deseos, pero la rebeldía es otro cantar.

9. Rechazo a los mensajeros de Dios

A veces el esposo no quiere oír cuando Dios habla a través de la esposa. Otras, la esposa no quiere oír cuando Dios habla a través del esposo. Creen que no hacen más que eludirse el uno al otro, cuando en realidad podrían estar eludiendo a Dios. Cuando un hijo o una hija dice a sus padres: «Ustedes me aman sólo cuando hago lo que quieren que haga», puede que Dios esté queriendo decirles a esos padres que no están amando a sus hijos incondicionalmente como Él los ama a ellos.

Dios no sólo nos habla por medio de personas que no nos resultan gratas, sino también a través de circunstancias no deseadas. Cuando le habló al apóstol Pablo en el camino a Damasco, las circunstancias eran menos que favorables, porque el Espíritu de Dios arrojó a Pablo al suelo y lo cegó. Nuestras circunstancias también pueden ser menos que deseables. Eso no quiere decir que no pueda hablar por medio de ellas. A veces, debido a nuestra rebeldía contra Dios, Él tiene que lograr que le prestemos atención por medios duros. Sé que con frecuencia Dios me inhabilita físicamente cuando quiere que lo oiga. No me gustan las circunstancias que Dios usa, pero sí los resultados.

Dios no es inconsciente, pero tiene que cumplir sus propósitos, que son los de crear un carácter santo. Quizá no nos guste el vaso o la situación por la cual nos habla, pero si escuchamos, se cumplirá su propósito, y eso es lo que realmente importa.

10. Oyentes inexpertos

Escuchar a Dios no es algo que sepamos automáticamente cuando venimos al mundo. Tenemos que *adiestrarnos* para escuchar. Con frecuencia nos vemos impedidos de escuchar a Dios debido a nuestra falta de experiencia, pero disponemos de algunas herramientas divinas a las que podemos echar mano firmemente para asistirnos en la tarea de escuchar su voz. Es nuestro entrenador por excelencia el que nos proporciona todo lo que necesitamos para la absoluta obediencia.

Primero, deberíamos preguntar. Si hemos de escuchar, tenemos que aprender a preguntar persistentemente. Planteándonos preguntas tales como: «Dios mío, ¿qué es lo que estás tratando de decirme?», le damos la oportunidad de responder y dar a conocer su respuesta. Dios siempre las tiene, pero a nosotros nos corresponde a veces formular las preguntas acertadas. Un corazón inquieto que interroga es esencial para escuchar a Dios.

Segundo, deberíamos estar a la expectativa de que Dios hable. Las Escrituras prometen que Dios va a hablar, de modo que deberíamos tomar sus palabras al pie de la letra y estar ansiosos por escucharlo. Dice la Biblia que «Jesucristo es el mismo ayer, y hoy, y por los siglos» (Hebreos 13.8). Esto significa que Dios hablaba en épocas pasadas (es decir, ayer), sigue hablando hoy y seguirá hablando en toda la eternidad. *Tercero, deberíamos reaccionar ante lo que oímos.* Si no reaccionamos en absoluto ante lo que nos dice Dios, jamás aprenderemos a escuchar. Si no sabemos con seguridad que hemos oído hablar a Dios, entonces debemos actuar positivamente en el sentido en que creemos que nos ha hablado. Aprendemos de esa manera porque damos un paso de fe. Dado que Dios es un Padre amante, si ve que nos movemos en dirección equivocada, se ocupará de corregir el curso a fin de que andemos en la verdad. Es posible que no oigamos acertadamente todas las veces, pero esto también forma parte del proceso de aprendizaje. ¿Cuántas veces se cae el niño antes de aprender a caminar? No le pedimos que atraviese la habitación en su primer intento. Algunos somos muy parecidos a Samuel: Dios tiene que hablar varias veces antes de que por fin lo reconozcamos.

Cuarto, deberíamos estar alerta a los acontecimientos que confirman el mensaje. Vez tras vez Dios confirma su mensaje. Él habla, nosotros obedecemos y con bastante frecuencia la confirmación nos llega de inmediato.

Quinto, deberíamos pedirle a Dios que nos hable. Antes de acostarse a dormir, ¿por qué no le dice al Señor que está escuchando y que está dispuesto a oír lo que tenga que decir a cualquier hora de la noche? Se sorprenderá de la cantidad de soluciones necesarias para resolver problemas acuciantes que se le presentarán sin mayor esfuerzo de las profundas heridas que se curan suavemente cuando le decimos a Dios que estamos listos y dispuestos a oír su voz.

Cuando interrogamos a Dios, cuando estamos a la expectativa de que nos hable, cuando respondemos ante lo que oímos, cuando estamos alerta a sus confirmaciones, y cuando sencillamente le pedimos que hable claramente, preparamos el escenario para la aventura más grande conocida por el hombre: la de oír al Dios todopoderoso entregarnos su mensaje. ¿Qué mayor privilegio, qué mayor responsabilidad podríamos anhelar?

CAPÍTULO X

Escuchar y obedecer

Un joven que en cierta ocasión vino a verme era quizá el más dotado para el ministerio de todos los que había conocido. Era una persona sumamente preparada y formada para el servicio. Acudió a verme con decisión y, cuando comenzó a contarme lo que pensaba hacer, el Espíritu de Dios me habló al corazón con gran alarma. Una luz roja se encendió en mi interior y dije: «No lo hagas. No estás en condiciones». Le expliqué por qué y le rogué que me hiciera caso. No quería. Decidió que estaba preparado, que el tiempo era oportuno e hizo oídos sordos a lo que Dios le estaba tratando de decir. Al cabo de dos años perdió su ministerio, su matrimonio y todo lo que poseía, incluso su dignidad. Varios años después recibí una carta suya. Comenzaba así: «Estimado Dr. Stanley: ¡Si sólo hubiera escuchado!»

Creo firmemente que Dios le dio a ese joven pastor una palabra de asesoramiento por medio del discernimiento que su Espíritu implantó en mi corazón. El joven oyó hablar a Dios pero se negó a escuchar la advertencia divina.

Al recorrer las Escrituras resulta evidente que el compañero ideal es *la obediencia*. Dios exclama en repetidas ocasiones en todo el Antiguo Testamento: «Oye, Israel, y ponlo por obra». No era que Israel se negara a escuchar a Dios. Él mandaba a sus siervos —Moisés, Josué, Jeremías, Isaías y muchos otros— con anuncios claros para el pueblo. Sabían sin lugar a dudas cuáles eran sus deseos, pero simplemente se negaban a obedecer. Así como sus frecuentes dificultades nacían del hecho de no obedecer la voz de Dios, así, también, buena parte del dolor, las penas y el sufrimiento en nuestra propia vida resultan de no responder con obediencia a su voz.

Resulta significativo que en la primera pareja que Dios creó había rasgos de los que escuchan pero se niegan a aceptar, y por ello siegan la dolorosa cosecha de la desobediencia. Génesis 2.15-17 expresa concisamente este perenne principio en las siguientes palabras:

> Tomó, pues, Jehová Dios al hombre, y lo puso en el huerto de Edén, para que lo labrara y lo guardase. Y mandó Jehová Dios al hombre, diciendo: De todo árbol del huerto podrás comer; mas del árbol de la ciencia del bien y del mal no comerás; porque el día que de él comieres, ciertamente morirás.

Aun cuando Eva no pecó contra Dios hasta que comió del fruto, el resultado de oír y luego no actuar en consecuencia se demuestra claramente en su vida. Dios había creado un ambiente perfecto en el huerto de Edén. Adán, Eva y todo lo que había allí eran de carácter celestial. Las instrucciones para que se mantuviera esta vida prístina eran tan evidentes como un cielo sin nubes. «Tienen todo a su disposición. Lo hice para ustedes. Está a disposición suya para que lo disfruten y lo gocen. Todo lo que les pido es que lo cuiden. Les daré las fuerzas y la sabiduría necesarias para que puedan hacerlo». Luego agregó: «Tengo una sola restricción. Hay un árbol en este huerto alrededor del cual he puesto un círculo, y bajo ninguna condición deben comer del fruto de dicho árbol del conocimiento del bien y del mal. Porque el día que coman de ese fruto, ciertamente morirán».

No había modo alguno en que Adán y Eva pudieran haberse equivocado. Dios fue claro, conciso y breve. No podían olvidar esa simple palabra de precaución y advertencia. ¿No es extraño, cuando pensamos en nuestra propia vida y en la provisión de Dios, que Satanás nos señale justamente aquello que no debemos hacer? ¿No es llamativo que se explaye sobre ese único aspecto prohibido? Todo «no harás» en la Biblia es una promesa de protección por parte de Dios; Él siempre se ocupa de lo que más nos conviene. No quiere impedir que disfrutemos la vida, más bien quiere evitar que nos destruyamos a nosotros mismos y que nos coloquemos en una posición en la cual no podamos disfrutar la vida. Todo «no harás» es expresión del amor divino para con sus hijos. Desde luego, sabemos que Satanás tentó a Adán y a Eva. Eva comió del fruto, lo ofreció a Adán y el pecado entró en el mundo, de modo que todavía hoy sufrimos las consecuencias de su imprudencia. Quiero señalar al lector ocho principios basados en este relato de las Escrituras que pintan sobriamente lo que ocurre cuando hacemos oídos sordos a la revelación divina. Son verdades permanentes que no reconocen fronteras en lo que respecta a época, edad o era.

Escuchamos a las voces equivocadas

Primero, cuando no escuchamos a Dios, escuchamos a las voces equivocadas. A diferencia de Eva, no vivimos en el huerto de Edén, donde no hay pecado. Vivimos en un mundo donde cunde el pecado y cuando hacemos oídos sordos a lo que nos dice Dios, escuchamos a las voces equivocadas. Comenzamos a prestar atención a otras voces atractivas que tienen un solo propósito: nuestra destrucción final. Uno de los actos más trágicos que se pueden cometer consiste en hacer oídos sordos al todopoderoso Dios. Cuando tal cosa ocurre se le da lugar a Satanás. Con frecuencia sabemos lo que Dios quiere que hagamos, mas por alguna razón decimos: «Ya lo sé, Señor, pero...» Cuando decimos *pero,* en realidad le estamos diciendo al Señor que no queremos oír lo que nos está diciendo. Es entonces cuando volvemos los oídos hacia otras voces que nos alejan de la voluntad de Dios, que nos llevan lejos de sus propósitos para nuestra vida.

Somos con facilidad engañados

Segundo, cuando dejamos de escuchar a Dios somos fácilmente engañados. Génesis 3.1-4 registra la conversación de Satanás con Eva:

Pero la serpiente era astuta, más que todos los animales del campo que Jehová Dios había hecho; la cual dijo a la mujer: ¿Conque Dios os ha dicho: No comáis de todo árbol del huerto? Y la mujer respondió a la serpiente: Del fruto de los árboles del huerto podemos comer; pero del fruto del árbol que está en medio del huerto dijo Dios: No comeréis de él, ni le tocaréis, para que no muráis. Entonces la serpiente dijo a la mujer: No moriréis.

Es decir, Satanás dijo: «Pues mira, analicemos la situación en su pleno contexto. Yo sé lo que dijo Dios, pero no seamos tan cerrados y estrechos con este asunto. La verdad es que de ningún modo morirán».

Amigos, cuando prestamos atención a otras voces, somos fácilmente engañados. Satanás, quien es el padre de la mentira, engañó a Eva por medio de su astucia, con sus palabras hábiles y sutiles. (Usó casi las mismas palabras que Dios.) Decidir no escuchar a Dios cuando sabemos que nos está hablando es un acto de rebeldía. Cuando prestamos atención a una voz que no es la de Dios, nuestra perspectiva se desequilibra. La persona que está en sintonía con Él y lo escucha tiene la mente más clara y aguda que la que no lo escucha cuando se trata de asuntos espirituales o morales. Tiene una percepción, una comprensión, una claridad mental que otros no poseen. Hay un poder de concentración, un discernimiento que no tiene el que no escucha.

Satanás nos engaña fácilmente diciendo: «¿No me digas que crees que vas a ser como tus padres? Tus padres se criaron en una generación totalmente diferente. Iban a la iglesia porque no había otra cosa que hacer. No tenían la televisión ni tantas otras actividades que existen hoy. Ir a la iglesia el domingo por la mañana, el domingo por la noche y el miércoles por la noche era su entretenimiento. Esta es una época muy diferente, una sociedad totalmente diferente. ¡Espero que no quieras ser como ellos!»

Toda vez que entramos en conversación con el diablo nos encaminamos al fracaso. Satanás apela a nuestra carne. Cuanto más escuchemos, tanto menos clara la voz de Dios. Los gritos de Satanás fácilmente ensordecen nuestros oídos, de modo que no podamos escuchar la voz suave y apacible de Dios.

Pasamos a pensar cosas ilógicas, a encontrar explicaciones para todo, a tolerar actitudes y acciones que sabemos que están mal. Cuando dejamos de escuchar a Dios las otras voces resultan muy seductoras.

Expresamos orgullo e independencia de Dios

Tercero, cuando dejamos de escuchar a Dios expresamos orgullo e independencia de Él. En la base de todo pecado está *la independencia.* Satanás dijo a Eva: «Sabe Dios que el día que comáis de él, serán abiertos vuestros ojos, y seréis como Dios, sabiendo el bien y el mal» (Génesis 3.5). Lo que *no* le dijo fue: «Eva, vas a ser como Dios, sabiendo el bien y el mal, pero estoy aquí para decirte que vas a lamentar el día en que conociste la verdad acerca del mal».

Cada vez que decidimos desobedecer la verdad revelada por Dios elegimos actuar independientemente de Él, lo cual es expresión de nuestro orgullo. Le decimos que podemos arreglárnosla. Declaramos ante un Dios omnisciente (que conoce nuestro pasado, presente y futuro) que estamos haciendo la mejor decisión. Es como el niño de cinco años que le dicta el menú a su madre porque sabe lo que es más nutritivo. ¿No es absurdo? ¿No es acaso el colmo de toda necedad que queramos actuar independientemente de Dios porque pensamos que sabemos lo que conviene ahora mismo? Nunca podremos saber más que Dios. Así como Satanás con malicia condujo a Eva a expresar un sutil orgullo, así también arrastra a mucha gente joven hacia el pecado porque sus amigos les dicen: «Pues nunca lo sabrás si no pruebas».

¿No estamos todos de acuerdo en que hemos aprendido algunas cosas en la vida que ahora desearíamos nunca haber conocido? Hemos sufrido cosas que desearíamos no haber experimentado nunca. Allí está la sutileza. Cuando no escuchamos a Dios oímos otras voces cuya apelación es la de la independencia y el orgullo, y cuyo sistema de valores es la antítesis del de Dios.

Tomamos decisiones que apelan a la carne

Cuarto, cuando dejamos de escuchar a Dios tomamos decisiones que apelan a la carne, no al espíritu. Satanás no apela a nosotros en relación con nuestra hambre de Dios. No apela a nosotros en relación con nuestra sed de Dios. No apela a nosotros debido a nuestro deseo de ser obedientes a Dios. Ni a nuestro deseo de entender el significado de la oración que prevalece. ¿A qué apela, entonces?

¿A qué apeló en el caso de Eva? Génesis 3.6 lo explica: «Y vio la mujer que el árbol era bueno para comer, y que era agradable a los ojos, y árbol codiciable para alcanzar la sabiduría; y tomó de su fruto, y comió; y dio también a su marido, el cual comió así como ella». Satanás recurrió al deseo de Eva de tener sabiduría para lograr que comiese del fruto del árbol.

Por otra parte, a Dios le interesa hablar a nuestros espíritus. Le interesa lo que es mejor para nosotros y nuestra familia. Aun cuando somos salvos y poseedores de una naturaleza nueva, el principio del pecado mora dentro de nosotros. Ya no tenemos que ceder ante el pecado, ni tenemos que dejarnos dominar por él... a menos que decidamos lo contrario. Ya no somos vencidos por el pecado... a menos que cedamos ante él. Hay un poder que obra en nuestro interior que es más grande que todo el poder del pecado, de Satanás y del infierno.

Pero cuando dejamos de escuchar a Dios, escuchamos aquello que apela a la carne de modo que somos engañados. Nuestro nombre puede estar escrito en el Libro de la vida del Cordero, pero si no escuchamos a Dios, el mismo Satanás que atrae al incrédulo se valdrá de iguales métodos para atraernos a nosotros como creyentes.

Es por ello que hemos de ser un pueblo de Dios cuyos oídos se inclinen a escucharlo. El mundo habla un lenguaje diferente al de Dios. El mundo marcha al son de un toque de tambor distinto al que marcha Dios. Quiere que nuestros oídos estén sintonizados con Él, porque desea darnos instrucciones divinas y porque tiene sumo interés en nuestro bien. Si somos si sinceros, tendremos que admitir que cada vez que dejamos de escuchar a Dios, comenzamos a escuchar y a hacer decisiones basadas en cosas que apelan a la carne, no al espíritu.

Tratamos de justificarnos por nuestros errores

Quinto, cuando dejamos de escuchar a Dios ofrecemos excusas por nuestros errores. Génesis 3.8,9 dice que cuando Dios el Señor bajó a pasearse por el huerto al aire del día, «el hombre y su mujer se escondieron de la presencia de Jehová Dios entre los árboles del huerto. Mas Jehová Dios llamó al hombre, y le dijo: ¿Dónde estás tú?»

No pensemos ni por un momento que Dios no sabía dónde estaba Adán. No estaba pidiendo información. Sabía exactamente dónde estaban Adán y Eva, física, emocional, espiritual y mentalmente. Adán respondió: «Oí tu voz en el huerto, y tuve miedo, porque estaba desnudo; y me escondí» (Génesis 3.10). Tengamos presente que Adán nunca antes había tenido miedo. Este era una experiencia emocional totalmente nueva. Se estaba ocultando por temor, así como muchos se ocultan emocional y espiritualmente.

Dios dijo: «¿Quién te enseñó que estabas desnudo? ¿Has comido del árbol de que yo te mandé no comieses?» (Génesis 3.11). Él nunca hace preguntas para requerir información. Las hace para recibir una confesión; por ello interrogó a Adán. Su trágica respuesta se encuentra en Génesis 3.12: «La mujer que me diste por compañera me dio del árbol, y yo comí». (Le estaba echando la culpa a otra persona.) Escuchemos el versículo siguiente: «Entonces Jehová Dios dijo a la mujer: ¿Qué es lo que has hecho? Y la mujer dijo: La serpiente me engañó, y comí» (Génesis 3.13).

¿Sabe el lector? Eso es lo que hacemos nosotros en la actualidad. Dios nos habla y sabemos con claridad lo que nos está diciendo. Tratamos de buscar una explicación para nuestro acto de desobediencia, pero Él no escucha ninguna excusa. Cuando habla y nosotros hacemos oídos sordos, nuestras coartadas no resultan aceptables. No podemos culpar a otros.

Dios había hablado en forma muy clara y concisa a Adán, quien le pasó el mensaje a Eva. Esta no podía decirle a Dios: «Se me olvidaron tus instrucciones», porque Dios había dicho claramente: «De todo árbol del huerto podrás comer; mas del árbol del bien y del mal no comerás; porque el día que de él comieres, ciertamente morirás» (Génesis 2.16,17). ¡Ahí está la cuestión! Dado que Dios conoce nuestro futuro, nuestra personalidad y nuestra capacidad para escuchar, nunca nos va decir más de lo que podamos recibir por el momento. De modo que no podemos culpar a nadie de no haber escuchado. En muchas ocasiones me he acercado al Señor para tratar de rogar y regatear por algunas de mis incapacidades. He tratado de explicar racionalmente mi comportamiento, transfiriendo la culpa a la muerte de mi padre cuando yo era pequeño. Luego un día Dios me mostró que no podía culpar a nadie ni a ninguna circunstancia por mi pecado y mis penas. Nada tiene que ver lo que nos haya pasado a mí o al lector. Yo soy responsable de mis reacciones y el lector es responsable de las suyas.

Sufriremos las consecuencias

Sexto, cuando no escuchamos a Dios hemos de sufrir las consecuencias. Cuando Dios terminó de hablar con Adán y Eva enumeró las consecuencias que tanto Satanás como ellos habrían de padecer. Génesis 3.14,15 acusa a Satanás en los siguientes términos:

Y Jehová Dios dijo a la serpiente:

Por cuanto esto hiciste,
maldita serás entre todas las bestias
y entre todos los animales del campo;
sobre tu pecho andarás,
y polvo comerás todos los días de tu vida.
Y pondré enemistad entre ti y la mujer,
y entre tu simiente y la simiente suya;
ésta [Cristo, simiente de la mujer] te herirá en la
cabeza [la de Satanás],
y tú le herirás en el calcañar» [es decir la cruz].

Por cierto que Satanás hirió a Cristo a causa del pecado, pero el Señor Jesucristo, el eterno Hijo de Dios, fue el vencedor. Luego en los versículos 16-19, Dios enumeró los penosos resultados de la rebelión de Adán y Eva:

A la mujer dijo:

Multiplicaré en gran manera
   los dolores de tus preñeces;
con dolor darás a luz los hijos;
y tu deseo será para tu marido,
y él se enseñoreará de ti.

Y a Adán le dijo:
Por cuanto obedeciste a la voz de tu mujer, y comiste del árbol
de que te mandé diciendo: No comerás de él;

   maldita será la tierra por tu causa;
con dolor comerás de ella
todos los días de tu vida.
   Espinos y cardos te producirá,
y comerás plantas del campo.
Con el sudor de tu rostro
   comerás el pan hasta que vuelvas a la tierra,
porque de ella fuiste tomado;
pues polvo eres,
y al polvo volverás.

Más adelante la Biblia dice que los echó del huerto (Génesis 3.23,24). Cuando Adán y Eva dejaron de escuchar a Dios, y en cambio escucharon otra voz, lo perdieron todo y comenzó el sufrimiento. Todo sufrimiento y dolor en última instancia puede retrotraerse al pecado en el huerto.

Cuando dejamos de escuchar, hemos de sufrir las consecuencias. La cuestión más seria en el día de hoy, a la que deberíamos dedicarnos tanto usted como yo, es a escuchar y a obedecer la voz de Dios. Como pastor he visto bastante sufrimiento debido a que la gente se niega a obedecer el consejo de Dios. Un pastor, particularmente exitoso, quería ingresar en un nuevo ministerio. Algunas personas muy profesionales le advirtieron que no estaba en condiciones de encarar ese tipo de obra. Todos los que lo conocían y lo querían, y a quienes interesaba su bienestar, dijeron: «Te ruego que no lo hagas». No prestó atención a este consejo sano y sabio. Y le costó la vida.

Cuántas veces he escuchado a un padre embargado de dolor que había aconsejado a su hija, diciéndole: «Cariño, no lo hagas, no lo hagas; no salgas con ese individuo. Hay algo en él que me dice que deberías evitarlo. No tiene buenas intenciones». Ella hizo caso omiso a la voz de Dios hablándole por medio de su padre, y terminó encinta, arruinandose su vida.

¡Cuántas adolescentes encinta han escuchado las engañosas voces del mal y ahora tienen que vivir con toneladas de culpa que sólo Dios puede quitar!

He conocido a decenas de hombres que han confesado: «Si sólo hubiese escuchado a mi mujer. Ella me dijo que era un mal negocio, pero pensaba que no sabía nada de finanzas ni de dinero. Me rogó que no siguiera adelante. Yo me negué a escuchar ¡y lo perdí todo!»

Durante nuestra sesión de consejería matrimonial le dije a la joven que estaba sentada al lado de su novio: «No te cases con este hombre; no te quiere». Los dos me miraron extrañados. Les expliqué: «Te voy a decir por qué no te ama. Cuando le hice aquellas preguntas clave acerca de los valores de la relación matrimonial, todas sus respuestas fueron equivocadas. No hay pruebas de que te ama, sino pruebas de su deseo de gratificación carnal». Ella no me escuchó. Alguna otra persona los casó porque me negué a realizar la ceremonia. Todavía la recuerdo, de pie en mi oficina, con lágrimas que rodaban por sus mejillas. No habían pasado cuatro meses de su casamiento cuando me dijo: «Si sólo lo hubiese escuchado...» No hay forma de hacer oídos sordos a la voz de Dios sin sufrir las consecuencias.

Hace algunos años una joven se me acercó después del culto y me dijo: «Entiendo muy bien lo que usted predicó esta mañana. Cuando me casé con mi esposo, sabía que era alcohólico y no era cristiano, que no debía hacerlo. Sabía que eso no era lo que Dios quería que hiciera. Pero lo hice y mi matrimonio está en quiebra, perdido, ido para siempre. Ahora Dios está comenzando a juntar los pedazos de mi vida otra vez».

Antes de prepararse para hacer algo, si hubiera algún tironeo en lo profundo de su ser, una leve sospecha, piense dos veces antes de actuar, porque Dios podría estarle diciendo: «¡No!» Tenga la sensatez de detenerse, buscar el rostro del Señor, y decir: «Señor, ¿podrías decirme una vez más cuál es tu voluntad en este asunto?» Dios le dirá la verdad y lo librará de muchas penas.

Otros alrededor de nosotros sufren

Siete, cuando dejamos de escuchar a Dios otras personas alrededor de nosotros sufren. No se puede pecar en soledad. Cuando el marido deja de escuchar a Dios su mujer sufre. Cuando los hijos dejan de escuchar a Dios, sufren los padres. Cuando un hombre de negocios deja de escuchar al socio que lleva una vida santa, el negocio sufre las consecuencias. Cuando los líderes de un país dejan de escuchar a Dios, todos los habitantes del país sufren. Otros sufren cuando dejamos de escuchar.

La desobediencia de Adán y de Eva arrojó como resultado la alienación de toda la raza humana. Su pecado en el huerto dio la vuelta al mundo.

Perdemos lo mejor de Dios

Finalmente, cuando dejamos de escuchar a Dios perdemos lo mejor de Él. El huerto de Edén era lo mejor para ellos, pero Adán y Eva lo perdieron todo. Amigo, quiero hacerle una pregunta. Muchas personas están a punto de perder lo mejor que tiene Dios porque han decidido escuchar otra voz y no la suya. Él ha provisto lo mejor para usted. Si no escucha, pasará por la vida habiendo perdido de vista lo mejor que tiene Dios. ¿Está dispuesto a sustituir lo que ofrece Satanás por los supremos dones de Dios? Cuando escuchamos y obedecemos, lo mejor de Él está a nuestra disposición.

En 1 Samuel 15, Samuel mandó a Saúl a cumplir una misión que decía: «Ve, pues, y hiere a Amalec, y destruye todo lo que tiene, y no te apiades de él» (v. 3). Saúl, empero, salvó parte de lo mejor del botín y perdonó la vida al rey. Cuando Samuel descubrió la desobediencia, Saúl le respondió: «Yo he pecado; pues he quebrantado el mandamiento de Jehová y tus palabras, porque temí al pueblo y consentí a la voz de ellos» (v. 24). Al procurar complacer la codicia de los guerreros que lo acompañaban Saúl perdió la perspectiva del mandamiento original de Dios de eliminar a los amalecitas y a su rey.

CAPÍTULO XI

Una vida que escucha... una vida equilibrada

Casi siempre, cuando Jesús relataba una parábola, explicaba en detalle exactamente qué era lo que quería decir, incluso a los discípulos. Pero la que relata en Mateo 7.24-27, aunque breve y penetrante es una de las que no necesita aclaración alguna. Al terminar su dramático sermón Jesús remarcó esta ineludible verdad:

Cualquiera, pues, que me oye estas palabras, y las hace, le compararé a un hombre prudente, que edificó su casa sobre la roca. Descendió lluvia, y vinieron ríos, y soplaron vientos, y golpearon contra aquella casa; y no cayó, porque estaba fundada sobre la roca. Pero cualquiera que me oye estas palabras y no las hace, le compararé a un hombre insensato, que edificó su casa sobre la arena; y descendió lluvia, y vinieron ríos, y soplaron vientos, y dieron con ímpetu contra aquella casa; y cayó, y fue grande su ruina.

En esta parábola en particular, el Maestro nos coloca ante la simple verdad de que cada cual está construyendo una vida, y que la firmeza de la misma está basada en el hecho de escuchar su voz y actuar de acuerdo con ella. Jesús quería que las multitudes reunidas en la rocosa ladera entendieran

131

que no estaba simplemente dando a conocer un nuevo estilo de vida. No se debía tomar como un sermón cualquiera que los presentes volvieran a su casa diciendo: «¡Qué tremendo mensaje predicó!», y luego lo olvidaran poco a poco. Lo que dijo no debía tomarse como un tema espiritual nuevo para alimentar los debates en las sinagogas o en las plazas. Anunciaba una *verdad divina* que debía ser inmediatamente puesta en práctica en todos los órdenes de la existencia.

El versículo 29 dice: «Les enseñaba como quien tiene autoridad, y no como los escribas». Fue como si dijera: «Damas, caballeros y niños, acaban de oír mis palabras, que vienen de Dios. Han escuchado mis instrucciones con respecto a cómo han de ser bendecidos, cómo deben perdonar y cómo deben orar. Han oído grandes verdades acerca de mi reino y sus principios. Ahora los dejo con este mandato final: Pongan en práctica estas verdades y su vida será como el hombre cuya casa fue edificada sobre un fundamento sólido. Si las ignoran, olvidan o archivan, su vida se levantará sobre arenas porosas e inútiles. Ustedes tienen la elección».

Los únicos métodos constructivos que nos permiten sobrevivir las tormentas del siglo veinte consisten en escuchar y obedecer a Dios. Los requisitos para vivir existencias perdurables consisten en escuchar su voz e integrarla a nuestro sistema de valores, a nuestros patrones de comportamiento, a nuestros pensamientos y a nuestras conversaciones. La roca fundamental que ninguna tempestad, tentación o prueba puede erosionar consiste en mantenernos alerta y sensibles a esa voz que nos habla. ¡Es por ello que resulta peligroso concurrir a los cultos de la iglesia, escuchar transmisiones religiosas o leer publicaciones cristianas! Resulta peligroso porque Jesús dijo que cualquiera que oye su Palabra y no actúa de acuerdo a ella será como el hombre insensato que edificó su casa sobre la arena. Resulta arriesgado, porque toda persona será considerada responsable de haber actuado de conformidad con toda verdad espiritual que haya escuchado. Cuando lleguen las tormentas se hará evidente si hemos actuado conforme a este principio. ¿Hemos edificado bien, prestando atención a la Palabra de Dios y aplicándola a diario, o hemos edificado pobremente, escuchando pero sin llevarla a la práctica?

Algunas personas dan la impresión de estar exitosamente establecidas en la vida, cuando en realidad no lo están. La fachada externa puede aparecer firme, pero en su interior se encuentran al borde del colapso. Podrán engañarnos, pero cuando los golpee la gran tormenta eterna del juicio final sucumbirán. No pueden engañar a Dios. Notemos el versículo 24 por un momento. En la versión castellana dice: «Cualquiera, pues, que me oye estas palabras, y las hace». El original griego de Mateo 7.24 dice: «Por tanto» («pues»). ¿Por qué? Porque Jesús no quería que nadie pensara que estaba exceptuado. Quería destacar la responsabilidad individual. Nadie escapa.

Los requisitos para una vida bien construida

¿Cómo edificamos vidas bien construidas? Jesús nos ofrece dos requisitos muy simples: primero, tenemos que escuchar la Palabra de Dios; segundo, debemos obedecer la Palabra de Dios que hemos recibido. Las Escrituras recalcan la necesidad prioritaria de escuchar Su Palabra. En 2 Timoteo 3.16,17 leemos: «Toda la Escritura es inspirada por Dios, y útil para enseñar, para redargüir, para corregir, para instruir en justicia, a fin de que el hombre de Dios sea perfecto, enteramente preparado para toda buena obra».

El propósito de las Escrituras es establecer estos principios en nuestra vida. El Salmo 19.7,8 declara que «la ley de Jehová es perfecta, que convierte el alma; el testimonio de Jehová es fiel, que hace sabio al sencillo. Los mandamientos de Jehová son rectos, que alegran el corazón».

Josué 1.7,8 advierte:

Solamente esfuérzate y sé muy valiente, para cuidar de hacer conforme a toda la ley que mi siervo Moisés te mandó; no te apartes de ella ni a diestra ni a siniestra, para que seas prosperado en todas las cosas que emprendas. Nunca se apartará de tu boca este libro de la ley, sino que de día y de noche meditarás en él, para que guardes y hagas conforme a todo lo que en él está escrito; porque entonces harás prosperar tu camino, y todo te saldrá bien.

La vida que perdura incorpora a ella la Palabra de Dios, prestando especial atención a los principios de las Escrituras, comprendiendo las inevitables consecuencias. En Colosenses 3.16 Pablo amplía el concepto: «La palabra de Cristo more en abundancia en vosotros, enseñándoos y exhortándoos unos a otros en toda sabiduría, cantando con gracia en vuestros corazones al Señor con salmos e himnos y cánticos espirituales». ¿Es rica la persona que tiene cien dólares depositados en su cuenta bancaria y no debe nada? No. ¿Es rica la persona que sabe de memoria Juan 3.16 y el Salmo 23? La verdad es que no, porque la Palabra de Dios ha de morar ricamente en nosotros, rebosando y sobreabundando en nuestra vida.

Lo importante es que edifiquemos incorporando la Palabra de Dios a nuestras vidas. Pienso con frecuencia en los niños que están presentes en la iglesia cuando predico. Sé que las figuras que dibujan les resultan más importantes que el sermón, y, sin embargo, a esos preciosos e inocentes oídos la Palabra de Dios está llegando y dejando su marca. Algunas veces ni siquiera entienden lo que oyen. Pero está allí y algún día Dios les traerá a la memoria una verdad cuando más la necesiten, una verdad que el Espíritu de Dios ha depositado allí. El que en forma inconsciente y frecuente se depositen en ellos verdades y principios espirituales sirve de fundamento para su vida. Luego, cuando comiencen a soplar los vientos en sus años adolescentes su vida podrá perdurar. Los principios están allí; la casa fue edificada muy temprano en su vida.

El segundo requisito para una vida bien edificada es acatar la Palabra; es decir, obedecerla, usarla. Estos principios bíblicos han de dirigir y gobernar nuestra vida. Varios versículos del Salmo 119 nos ayudan a entender la importancia de obedecer la Palabra de Dios.

Bienaventurados los perfectos de camino,

los que andan [no sólo escuchan, sino caminan] en la ley de Jehová.

Bienaventurados los que guardan sus testimonios,
y con todo corazón le buscan (vv. 1,2).

Tus testimonios son mis delicias
y mis consejeros (v. 24).

Enséñame, oh Jehová, el camino de tus estatutos,
y lo guardaré hasta el fin.
Dame entendimiento, y guardaré tu ley,
y la cumpliré de todo corazón (vv. 33,34).

Bueno me es haber sido humillado,

Para que aprenda tus estatutos [porque dice Él que como
resultado de aprender esos estatutos, sus valores han
cambiado].
[Ahora] mejor me es la ley de tu boca
que millares de oro y plata (vv. 71,72).
Mucha paz tienen los que aman tu ley,
y no hay para ellos tropiezo (v. 165).

Las bendiciones, la paz y la sabiduría eran resultados de aplicar las Escrituras y aprender que Dios es fiel a su Palabra. Jesús dijo algo sumamente significativo en el capítulo 11 de Lucas. «Mientras Él decía estas cosas, una mujer de entre la multitud levantó la voz y le dijo: Bienaventurado el vientre que te trajo, y los senos que mamaste» (v. 27). La respuesta de Jesús en el versículo 28 revela la composición de su familia. Dijo: «Antes bienaventurados los que oyen la palabra de Dios, y la guardan». Jesús estaba diciendo que más bienaventurada que María, [«la que me trajo al mundo»] es la persona que oye la Palabra de Dios y la practica.

El hombre o la mujer sabios han de prestar la debida atención a los principios de las Escrituras y, luego de haberlos oído, obrar en consonancia, aplicarlos a su vida y regirse por los principios de la verdad. Jesús dijo que la persona insensata no es la que escucha, sino la que escucha y no actúa. En la parábola, ambas clases de personas escucharon: Una actuó sobre la base de lo oído y la otra lo ignoró. No hay más que dos categorías. Los que actúan de conforme a la verdad recibida, o sea, los que edifican sobre la roca; y los que dejan de actuar, o sea, los que edifican sobre la arena. Si bien el conocimiento de los requisitos para la vida bien edificada es esencial, el percibir las razones que avalan la edificación espiritual con tales requisitos no es menos vital.

Razones para aspirar a una vida bien fundamentada

Alguien describió una vez la vida cristiana como la situación en la que se «enfrenta la tormenta, se está en ella, o se sale de ella». Así, la primera razón para procurar una vida bien construida es que, cualquiera sea la frecuencia, *las tormentas son inevitables.* Van a ocurrir ineludiblemente. Jesús no dijo: «llueve»; «se producen inundaciones»; «soplan vientos». Dijo: «Descendió lluvia, y vinieron ríos, y soplaron vientos».

Hay tormentas inevitables que se meten en nuestro matrimonio, en nuestras finanzas; tormentas que caen sobre nosotros produciendo desaliento; tormentas que nos inundan de enfermedades y males físicos. Abarcan todos los aspectos de la vida, pero lo cierto es que llegan. No importa que hayamos edificado nuestra vida sobre la roca o sobre la arena, las tormentas alcanzan a todos por igual. Los vientos van a soplar las vidas edificadas sobre la roca *como también* las que han sido fundadas sobre la arena. Las lluvias torrenciales inundan a ambas clases de edificaciones. No es cuestión de saber si vamos a tener tormentas en la vida o no. El asunto está en saber cómo estamos edificando nuestra vida, y si sobreviviremos y aguantaremos las tormentas cuando vengan.

Las tormentas no esperan hasta que lleguemos a los sesenta años de edad; nos golpean en la juventud; nos golpean en la edad mediana; nos golpean en años posteriores. Llegan en todas las etapas de la vida.

Las tormentas no sólo son inevitables; son incontrolables. No podemos controlar las lluvias torrenciales que caen a cántaros. No podemos dominar las inundaciones. Varias veces por año vemos en la televisión casas que son arrastradas por las aguas, edificios que se vienen abajo, laderas de montañas que se desplazan por causa de las inundaciones. No podemos controlar el paso del viento. Jesús dijo a Nicodemo: «El viento sopla de donde quiere, y oyes su sonido; mas ni sabes de dónde viene, ni a dónde va» (Juan 3.8). Enfrentamos muchas situaciones y circunstancias sobre las que no tenemos ningún control. Alguna otra persona toma las decisiones; ocurre algo que está por completo fuera de nuestro control. El que nos derrumbemos o nos sostengamos dependerá de la forma en que hayamos edificado nuestra vida.

Cuando edificamos nuestra casa deberíamos considerar no sólo lo inevitable que son las tormentas sino también lo indestructible que resulta una casa bien fundamentada. Cuando pensamos en una vida bien construida, tenemos que pensar primero en el cimiento, que lo constituye la roca eterna de Jesucristo. En 1 Corintios 10, Pablo, refiriéndose a aquellos santos del antiguo testamento que salían de la esclavitud egipcia y atravesaban el Mar Rojo, dijo: «Y todos bebieron la misma bebida espiritual; porque bebían de la roca espiritual que los seguía, y la roca era Cristo» (v. 4). Simplemente identificó a la roca con Cristo. Cantamos que «mi esperanza está fundada nada menos que en la sangre y la justicia de Jesús»; que «en Cristo, la sólida roca, estoy; todo otro fundamento es arena movediza». Cuando recibimos a Jesucristo como nuestro Salvador personal Dios nos cimentó sobre la Roca, la inconmovible Roca eterna.

Segundo, una vida bien construida está compuesta de materiales resistentes y duraderos. Dice la Biblia en Isaías 40.8: «Sécase la hierba, marchítase la flor; mas la palabra del Dios nuestro permanece para siempre». Los materiales de la Palabra de Dios constituyen nuestros imperecederos materiales de construcción. Dios se propone que construyamos nuestra vida sobre los principios de las Escrituras. Deberíamos dejarnos gobernar, dominar, apuntalar y dirigir por los principios de las Escrituras. La Palabra viva de Dios debería predominar en todos los aspectos de nuestra vida. La vida bien edificada está constituida por materiales que son eternos, porque no somos únicamente seres físicos sino también seres espirituales. Por lo tanto, la sustancia que conforma nuestra vida tiene que ser espiritual.

Todos los días nuestros pensamientos y nuestras acciones construyen una vida, sea para bien o para mal. A fin de que dure debemos edificar sobre la roca eterna, construida con la sustancia eterna de la Palabra de Dios para un hogar eterno.

Jesús nos dice en Juan 14.2,3: «En la casa de mi Padre muchas moradas hay; si así no fuera, yo os lo hubiera dicho; voy, pues, a preparar lugar para vosotros. Y si me fuere y os preparare lugar, vendré otra vez, y os tomaré a mí mismo, para que donde yo estoy, vosotros también estéis». Estamos edificando para un hogar eterno; nuestra vida se construye con un propósito eterno.

En Efesios 2.6,7 Pablo dijo: «Y juntamente con Él nos resucitó, y asimismo nos hizo sentar en los lugares celestiales en Cristo Jesús, para mostrar en los siglos venideros las abundantes riquezas de su gracia en su bondad para con nosotros en Cristo Jesús». Dios nos salvó a fin de que por toda la eternidad pudiese lucirnos en el cielo, mostrando la inigualable gracia que prodigó sobre nosotros cuando éramos inmerecidos pecadores. Nosotros somos los trofeos del Señor Jesucristo. Estamos construyendo vidas que tienen un propósito eterno, cual es el de glorificar, irradiar y reflejar a Dios eternamente. Esta construcción es una tarea del día presente.

Estamos incorporando a nuestra vida en la actualidad la medida en que hemos de glorificar a Dios. En 1 Corintios 10.15 se revela que nuestra vida terrenal es un proyecto arquitectónico que determina nuestra recompensa celestial. Una de las cosas más tontas que puede decir una persona es esta: «Voy a vivir el presente como me plazca. Cambiaré mañana y luego entregaré el resto de mi vida a Dios». El joven que dice: «Voy a disfrutar la vida ahora y más tarde, se la daré a Dios», cae de cabeza en el lazo del diablo. Satanás sabe que el fundamento de la vida tiene que ser el correcto.

Las tormentas son inevitables, son ineludibles, van a venir de todos modos. Pero cuando edificamos nuestra vida sobre la roca eterna, con materiales eternos, para un hogar eterno, con un propósito eterno a la vista, para un vivir eterno, dice la Biblia que somos «prudentes» (Mateo 7.24).

Una tercera razón para edificar bien nuestra casa es evitar las ineludibles consecuencias que arrojan las casas mal construidas. Jesús dijo que el que decidió edificar su casa sobre la arena perdió todo cuando vino la tormenta. Las mismas lluvias, inundaciones y vientos que arremetieron contra la casa sobre la roca golpearon la suya, pero su casa se vino al suelo. La vida que está mal edificada deja a un lado a Cristo y no aplica la Palabra de Dios para nada. Esta es la vida del hombre que oye la Palabra pero la ignora, la rechaza y se niega a aceptarla. Es por ello que es peligroso concurrir a la iglesia. Sería difícil medir cuántas verdades han entrado por nuestros oídos en toda una vida. Lo que es más importante, con todo, es cuántas de esas verdades hemos llevado a la práctica. Jesús no pudo haberlo dicho de un modo más sencillo. Dijo que si somos sensatos hemos de escuchar la Palabra de Dios en forma agresiva, y hemos de actuar de acuerdo con lo que oímos. Si queremos pasar por tontos, vamos a oír la voz de Dios e ignorarla, rechazarla o tratar de olvidarla. Pero cuando la tormenta nos golpea por todos lados, descendiendo como lluvia desde lo alto, elevándose a nuestro alrededor como una inundación, rodeándonos completamente, entonces experimentaremos la satisfacción de haber edificado vidas que escuchan y obedecen a Dios. Sobreviviremos y perduraremos, por grandes que sean las tormentas de la vida.

Las recompensas de una vida bien construida

¿Cuáles son las recompensas de una vida bien construida? *Primero, resistimos las tormentas.* Sean financieras, matrimoniales o lo que sean, podemos aguantarlas. *Segundo, tenemos la capacidad necesaria para disfrutar las cosas placenteras de la vida.* La persona que ha edificado su casa sobre la roca y ha edificado su vida con materiales procedentes de la Palabra de Dios disfruta de una paz que lo sostiene a través de las dificultades, los pesares y las pruebas. Tiene la capacidad necesaria para disfrutar de las cosas placenteras de la vida, y sabe que su placer es genuino. Algunas de las cosas que ofrece el mundo como placer sólo producen dolor. Pero esta persona puede discernir lo que es bueno para ella y lo que no lo es; lo que tiene valor perdurable y lo que no; y lo que ofrece verdadero placer como también lo que no lo hace.

Tercero, la vida que está bien construida enriquecerá la existencia de los demás. Cuando incorporamos a nuestra vida la sustancia de la Palabra de Dios, ella rebosará y llegará a las personas con las que nos vinculamos. Nos convertimos en factor de cambio en su vida. Se encuentran con nosotros y se transforman. Quieren tener lo que tenemos nosotros. Quieren descubrir lo que hemos descubierto nosotros. Toda persona que ha sido ricamente dotada por la Palabra de Dios tiene algo eterno para ofrecer a cada individuo con el que se encuentra. *La cuarta recompensa por una vida bien construida es un crecimiento espiritual continuo.* ¿Qué pasa si llega la tormenta? Cuando se acaba la tormenta podemos volver a alabar a Dios por su fidelidad una vez más. Descubrimos más y más cosas acerca de su persona. Sus tremendas bendiciones se derraman en nuestra vida cuando le somos fieles en las tormentas. Cuando somos fieles a Dios, escuchando su voz y obedeciéndola, Él nos ha de honrar y bendecir.

Conclusión

Elías fue uno de los profetas más poderosos del Antiguo Testamento. Su ministerio milagroso tuvo un impacto tremendo en el pueblo de Israel. Se enfrentó con reyes, levantó muertos y valientemente hizo frente a un conjunto de profetas falsos y los destruyó. Sin embargo, Santiago escribió que «Elías era un hombre como nosotros» (Santiago 5.17, VP).

Como tal, experimentó momentos de gran desilusión, evidenciados claramente por su huida ante la reina Jezabel después de su decisiva victoria sobre los profetas de Baal.

En 1 Reyes 19.4 se relata que fue al desierto «deseando morirse». Socorrido por un ángel pudo viajar «cuarenta días y cuarenta noches hasta Horeb, el monte de Dios» (v. 8).

El hecho de que Elías caminó casi seis semanas hasta el monte Horeb (recordemos que poco antes había sufrido un desmayo debido a que se encontraba exhausto) no fue un accidente; Horeb es otro nombre para el majestuoso monte Sinaí.

En el monte Sinaí Moisés vio a Dios en medio de la zarza ardiendo y le oyó hablar (véase Éxodo 3.4); en el monte Horeb «descendió Jehová[...] sobre la cumbre del monte; y llamó Jehová a Moisés a la cumbre del monte, y Moisés subió» (Éxodo 19.20). En el monte Horeb «la gloria de Jehová reposó[...] y la nube lo cubrió por seis días; y al séptimo día llamó a Moisés de en medio de la nube» (Éxodo 24.16). En el monte Horeb Dios ordenó a Moisés que golpeara la peña y brotó agua en abundancia (véase Éxodo 17.6).

Elías se fue al monte Horeb porque sabía que era allí donde podía escuchar la voz de Dios. A esa altura de su ministerio lo que más necesitaba era escuchar con claridad la voz de Dios hablándole en forma consoladora. Para esto ningún milagro servía. Ni siquiera otro profeta resultaba suficiente. Desesperadamente Elías quería oír a Dios.

No se decepcionó. Un gran viento, luego un gran terremoto y por último un gran fuego pasaron frente a Elías, pero no oyó ninguna voz. Luego súbitamente se levantó una brisa apacible en la boca de la cueva donde se encontraba. De inmediato comprendió que estaba en presencia de lo divino y ocultó su rostro con un manto (en forma semejante a lo que hizo Moisés cuando Dios le habló desde la zarza que ardía). En muy pocos segundos, Dios reavivó al languideciente profeta, revelándole el futuro de su ministerio, incluido el inminente reclutamiento de su sucesor Eliseo, quien aseguraría la continuidad de la obra de Elías (véase 1 Reyes 19.11-17).

Así es que nosotros, como creyentes, con frecuencia abatidos y preocupados, también necesitamos oír nada más que alguna cosa que nos renueve, aliente y fortalezca en nuestro servicio para el Rey, o sea, *la voz de Dios.* Sea lo que fuere lo que exija nuestra situación —dirección, consuelo, seguridad, fortaleza, perseverancia, fe, gozo, paz— la voz de Dios lo suplirá.

La respuesta no se ha de encontrar en el ruido o en el retumbar (terremoto, viento y fuego) del mundo o la religión. Raras veces hemos de oír con precisión la voz de Dios en el ajetreo del tránsito, en el alboroto de la oficina o en el parloteo de los amigos. Él desea hablarnos individualmente y para eso tenemos que comprometernos a buscar la soledad, aunque sea brevemente.

¿Cuántas veces habremos esperado en una fila para escuchar a algún orador particularmente destacado hablar sobre religión, política, o deportes? ¿Con cuánta frecuencia habremos esperado con paciencia frente a un televisor con el fin de ver las «importantes noticias del día» (incendios de apartamentos e inundaciones), o nos hemos quedado pegados al aparato de radio para escuchar los cambios de la temperatura? ¿Cuántos miles (literalmente) de horas habremos invertido en escuchar cosas que no hacen ninguna diferencia, eternalmente hablando?

Sólo unos minutos ante el Dios que habla pueden transformar una vida, cambiar una mente y reorientar el propósito y la dirección necesarios para la eternidad. El corazón entristecido es alentado, la mente confundida es reordenada, la perspectiva pesimista es eliminada, el espíritu solitario es acompañado, la voluntad rebelde es aquietada y el buscador desorientado es satisfecho.

Dondequiera que iba y enseñaba, Jesús decía: «El que tiene oídos para oír, oiga». A los que oían los llamaba «bienaventurados». A los que rechazaban sus verdades los condenaba a mayor incredulidad.

Dos mil años después, nosotros tenemos todas las herramientas que necesitamos para oír confiadamente la voz de Dios. Somos los depositarios del Espíritu Santo, el que nos enseña todas las cosas y trae a nuestra memoria todo lo que Jesús dijo. Tenemos a flor de labios su Palabra completa, la cual constituye la magnífica suma total del carácter, la naturaleza, la verdad y los principios de Dios. Donde haya creyentes sinceros no nos faltará el acceso a sabios consejos de parte de un pueblo que conoce y ama a Dios.

Por consiguiente, podemos acercarnos «confiadamente al trono de la gracia, para alcanzar misericordia y hallar gracia» (Hebreos 4.16). ¿Qué otra cosa podría constituir una expresión más rica y más plena de su gracia y su misericordia que una clara comunicación de nuestro Padre a sus hijos?

Dejando a un lado nuestros temores podemos acudir con gran expectativa, no a una montaña consumida por el fuego (el monte Horeb) sino «al monte de Sión, a la ciudad del Dios vivo» (Hebreos 12.22) donde Él se deleita en instruir y alentar a su pueblo. Jamás seremos defraudados, aun cuando se nos reprenda y amoneste, por cuanto todo lo que Dios dice es para nuestro bien.

Como María, deberíamos aprender a escuchar la palabra de nuestro Señor sentados a sus pies (véase Lucas 10.39). Mediante la oración tranquila y disciplinada, y mediante la interacción con su Palabra y su pueblo, podemos convertirnos en hombres y mujeres que fructíferamente aprenden a distinguir la voz de Dios entre el clamor de lo que nos rodea.

Cuando lo hacemos, también podemos confiar y obtener «la buena parte, la cual no [nos] será quitada» (Lucas 10.42). Porque una vez que hayamos oído hablar a Dios no hay nada que se le compare. Todo lo demás empalidece al lado de la incomparable experiencia de oír a Dios. Por sobre todo, no hay absolutamente nada: problema, tribulación, circunstancia, incertidumbre, que pueda desalojar la maravillosa paz y seguridad que resultan de estar decididamente del lado del receptor en la comunicación con Dios.

El hombre que ha oído hablar a Dios tiene el perdurable poder de hacer frente a adversarios, enfrentar tragedias y superar cualquier problema que se atraviese en su camino, porque en lo que Él ha hablado puede descansar confiado. Dios cumple sus promesas y garantiza su Palabra.

Dios sigue hablando. Elijamos la «buena parte» que consiste en escuchar su voz con obediencia. Dios tiene cosas grandes y portentosas preparadas para cada uno de nosotros.